“十一五”国家重点图书出版规划项目

北京市社会科学理论著作出版基金重点资助项目

启功全集

（修订版）

第十四卷

书丹

写经

北京师范大学出版集团
BEIJING NORMAL UNIVERSITY PUBLISHING GROUP
北京师范大学出版社

图书在版编目（CIP）数据

启功全集（修订版）. 第14卷，书丹、写经 / 启功著. —北京：北京师范大学出版社，2012.9

ISBN 978-7-303-14712-0

Ⅰ. ①启… Ⅱ. ①启… Ⅲ. ①启功（1912—2005）—文集 ②汉字—法书—作品集—中国—现代 Ⅳ. ①C53 ②J292.28

中国版本图书馆CIP数据核字（2012）第181284号

营销中心电话 010-58802181 58805532
北师大出版社高等教育分社网 http://gaojiao.bnup.com.cn
电子信箱 beishida168@126.com

QIGONG QUANJI

出版发行：北京师范大学出版社 www.bnup.com.cn
北京新街口外大街19号
邮政编码：100875
印　　刷：北京盛通印刷股份有限公司
经　　销：全国新华书店
开　　本：170 mm × 260 mm
印　　张：372.5
字　　数：5021千字
版　　次：2012年9月第1版
印　　次：2012年9月第1次印刷
总 定 价：2680.00元（全二十卷）

策划编辑：李　强　　责任编辑：侯　刚　陶　虹　于　乐
美术编辑：毛　佳　　装帧设计：李　强
责任校对：李　菡　　责任印制：李　啸

启功先生像

目 录

书 丹

写　经

書丹

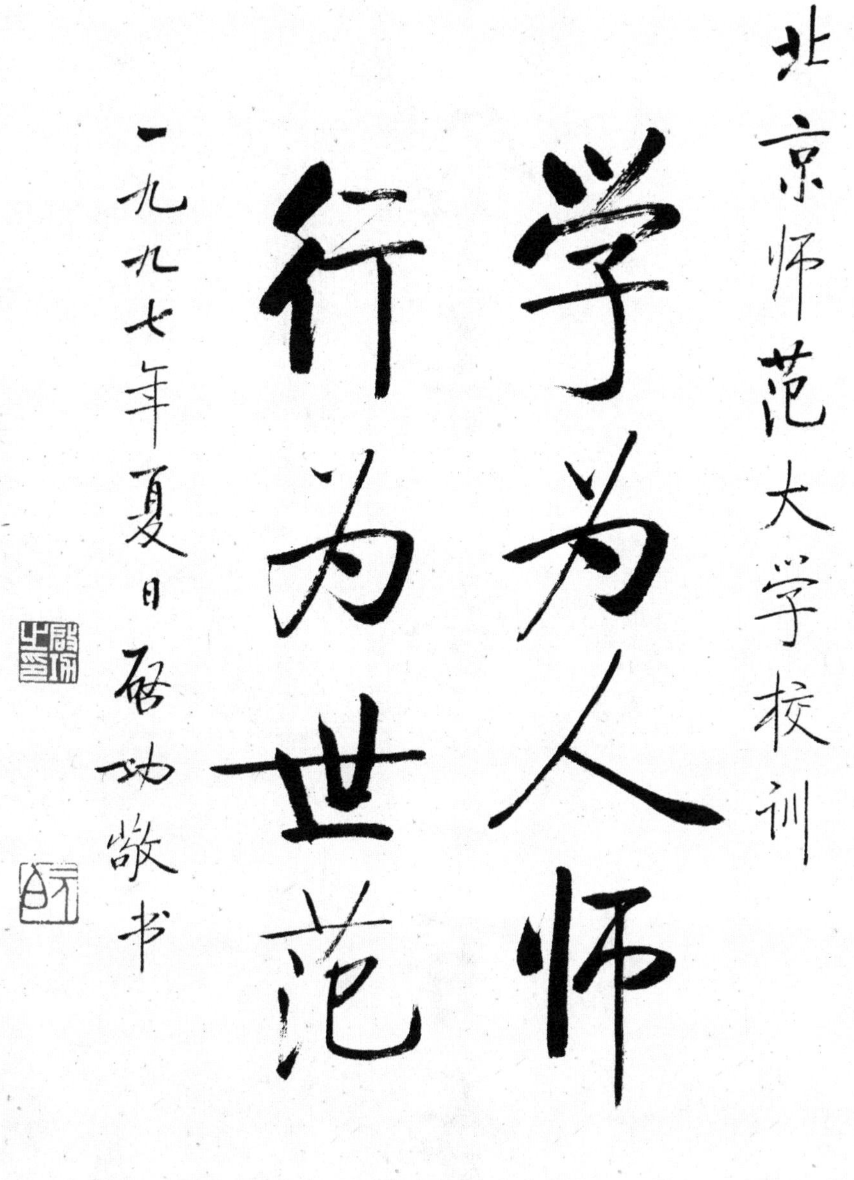
北京师范大学校训
学为人师
行为世范
一九九七年夏日启功敬书

北京师范大学校训

位于北京师范大学南门内

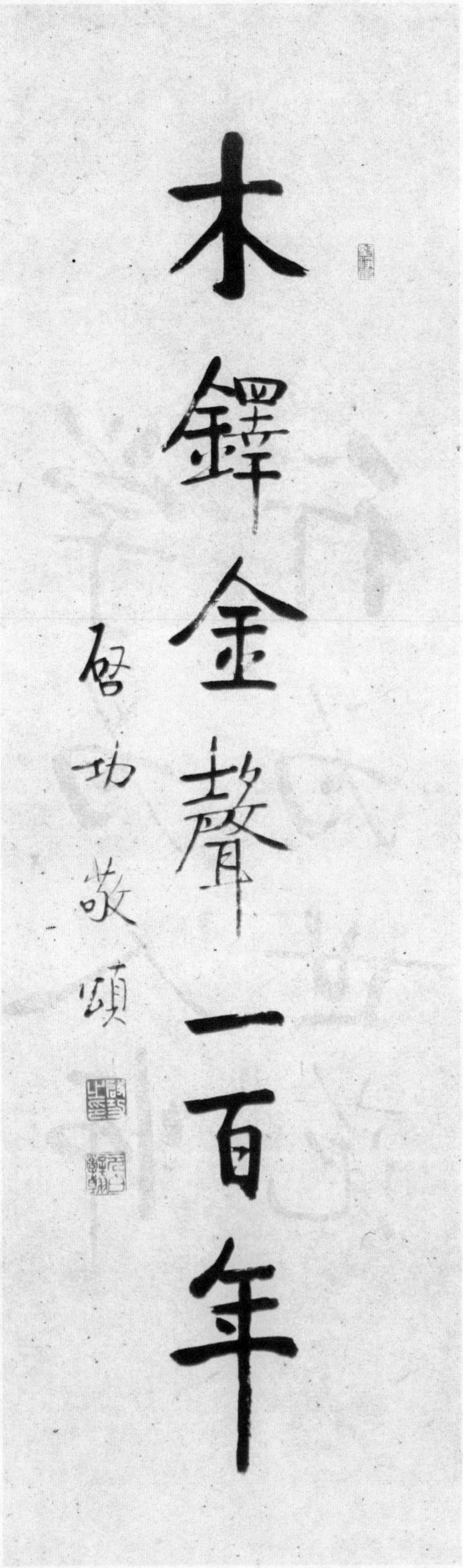
木鐸金聲一百年
啓功敬頌

木铎金声一百年

位于北京师范大学南广场

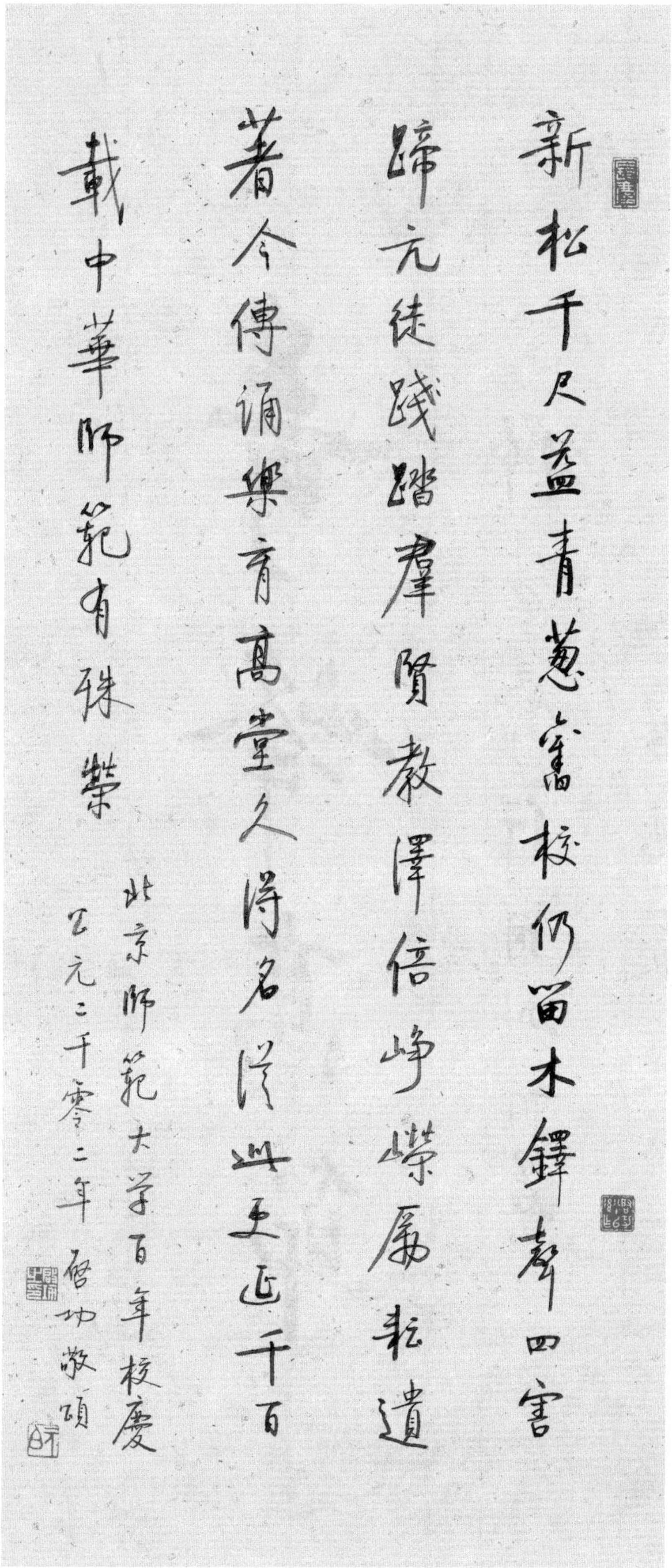
新松千尺盖青葱旧校仍留木铎声四害
蹄元徒践踏群贤教泽倍峥嵘春秋遗
著今传诵乐育高堂久得名从此更逾千百
载中华师范有殊荣
北京师范大学百年校庆
公元二千零二年 启功敬颂

北京师范大学百年校庆

位于北京师范大学新松楼大门

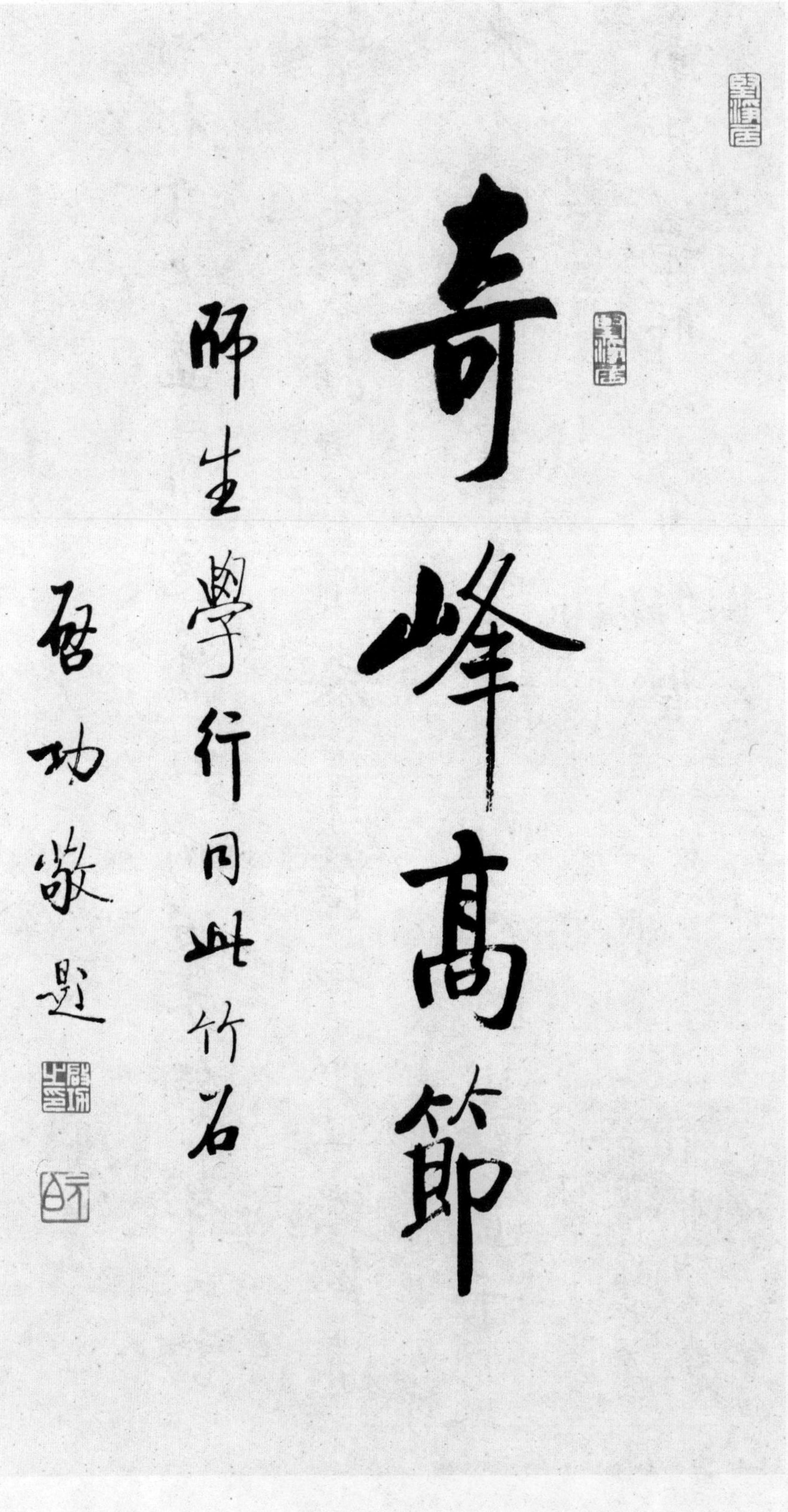
奇峰高節
師生學行同此竹石
啓功敬題

奇峰高节

位于北京师范大学

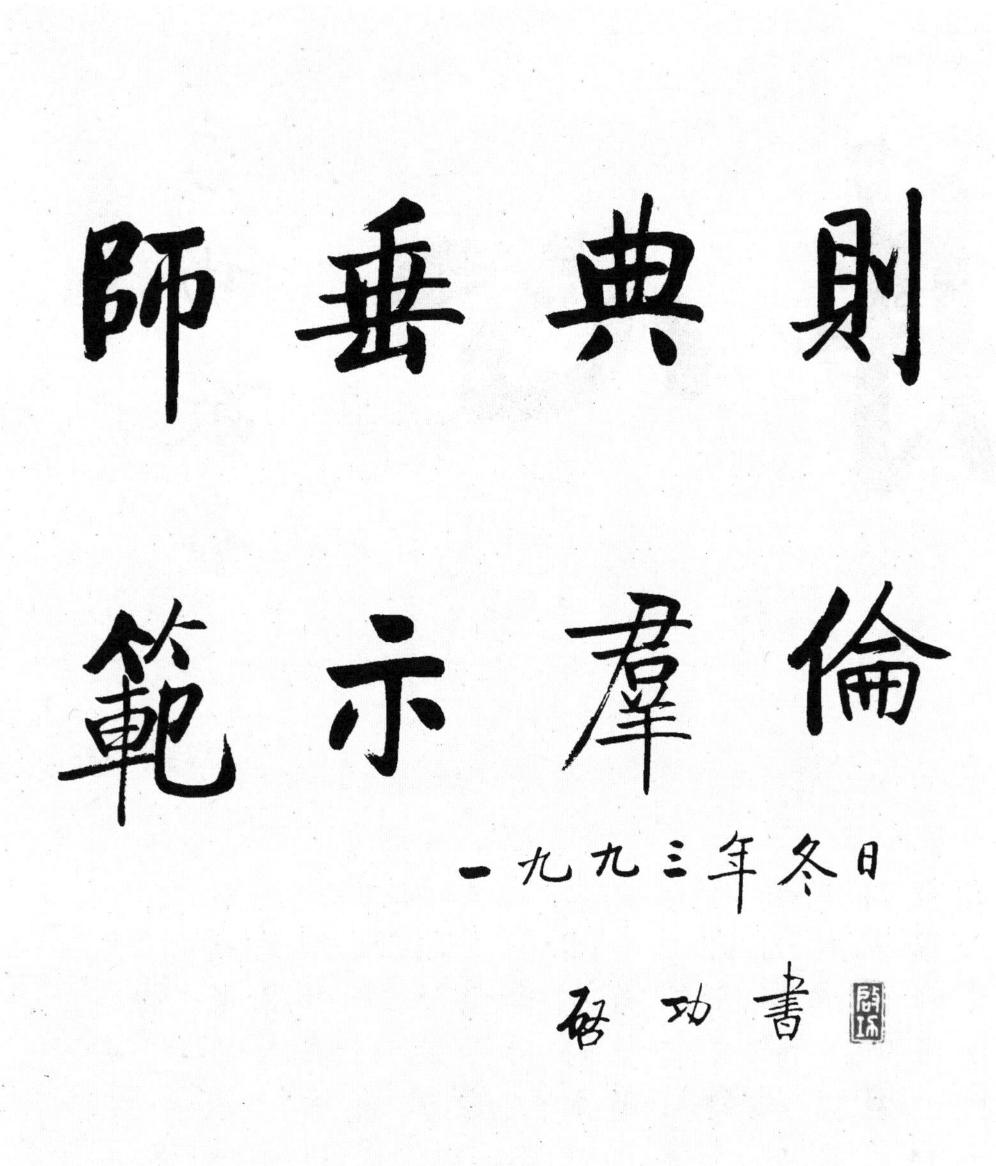
師垂典則
範示羣倫
一九九三年冬日
啓功書

师垂典则　范示群伦

位于北京师范大学出版集团楼前广场

碧血丹心

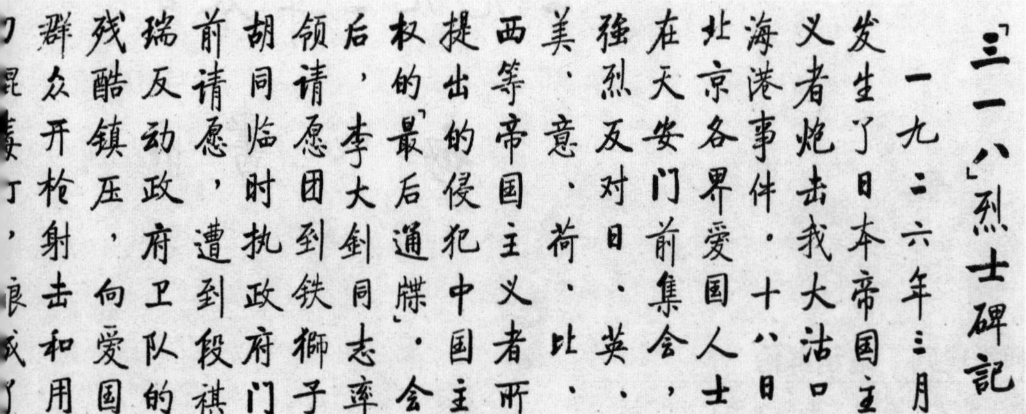

「三一八」烈士碑記

一九二六年三月，发生了日本帝国主义者炮击我大沽口海港事件。十八日，北京各界爱国人士在天安门前集会，强烈反对日、英、美、意、荷、比、西等帝国主义者所提出的侵犯中国主权的「最后通牒」。会后，李大钊同志率领请愿团到铁狮子胡同临时执政府门前请愿，遭到段祺瑞反动政府卫队的残酷镇压，向爱国群众开枪射击和用

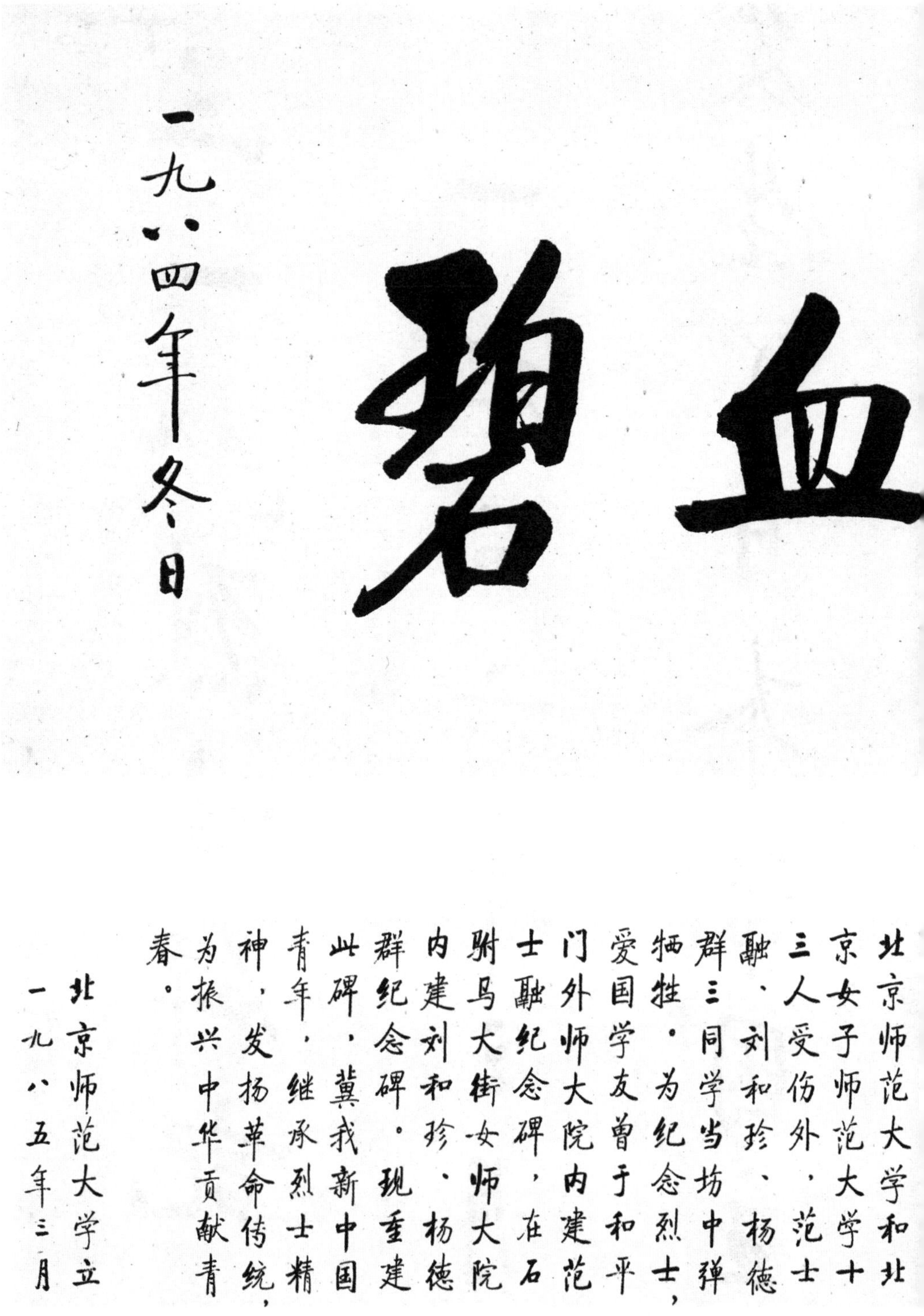
血碧
一九八四年冬日
北京师范大学和北京女子师范大学十三人受伤外，范士融、刘和珍、杨德群三同学当场中弹牺牲。为纪念烈士，爱国学友曾于和平门外师大院内建范士融纪念碑，在石驸马大街女师大院内建刘和珍、杨德群纪念碑。现重建此碑，冀我新中国青年，继承烈士精神，发扬革命传统，为振兴中华贡献青春。
北京师范大学立
一九八五年三月

“三一八”烈士碑记

位于北京师范大学学生宿舍区

「三一八」烈士碑記

一九二六年三月，发生了日本帝国主

义者炮击我大沽口

海港事件。十八日，

北京各界爱国人士

在天安门前集会，
强烈反对日、英、
美、意、荷、比、

西等帝国主义者所提出的侵犯中国主权的「最后通牒」。会

后，李大钊同志率
领请愿团到铁獅子
胡同临时执政府门

前请愿，遭到段祺
瑞反动政府卫队的
残酷镇压，向爱国

群众开枪射击和用刀棍毒打，酿成了举世震惊的「三一八」

惨案。在惨案中，北京师范大学和北京女子师范大学十

三人受伤外，范士融、刘和珍、杨德群三同学当场中弹

牺牲。为纪念烈士，
爱国学友曾于和平
门外师大院内建范

士融纪念碑，在石

驸马大街女师大院

内建刘和珍、杨德

群纪念碑。现重建此碑，冀我新中国青年，继承烈士精神，发扬革命传统，为振兴中华贡献青春。

北京师范大学立

一九八五年三月

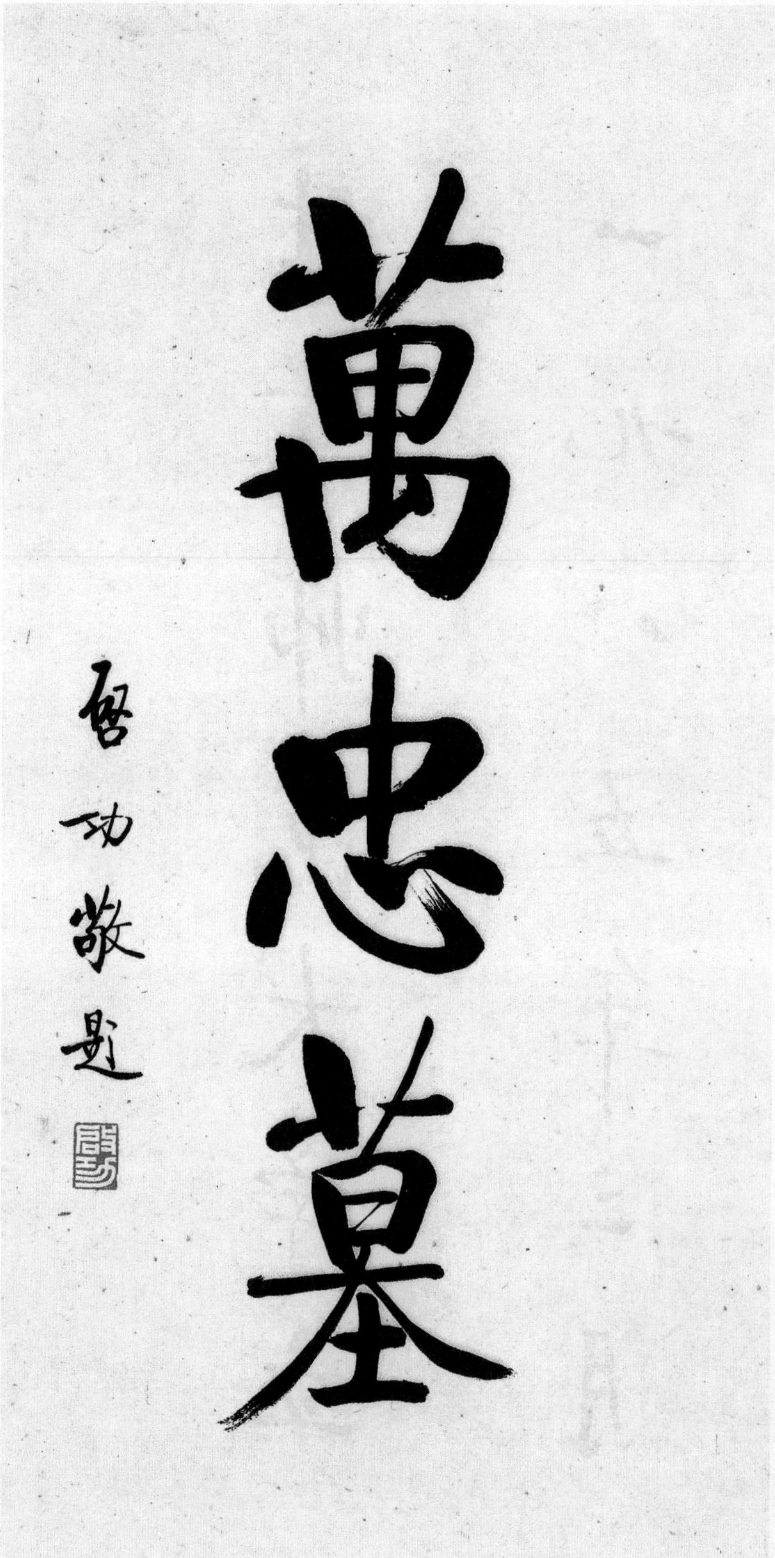

万忠墓

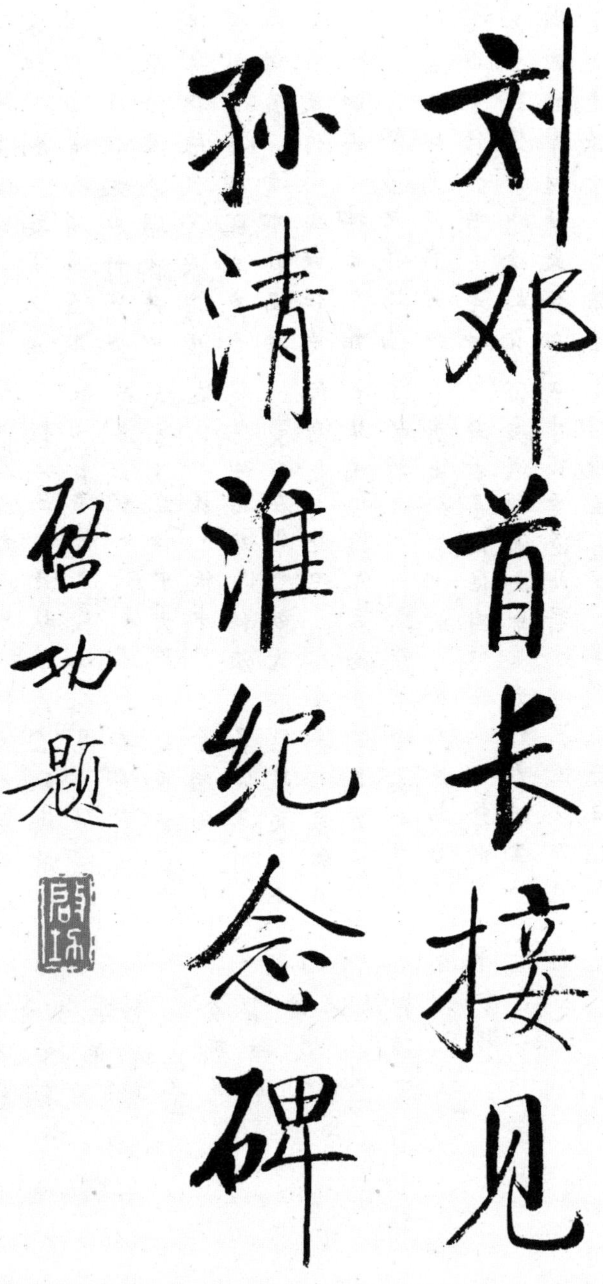
刘邓首长接见
孙清淮纪念碑
启功题

刘邓首长接见孙清淮纪念碑

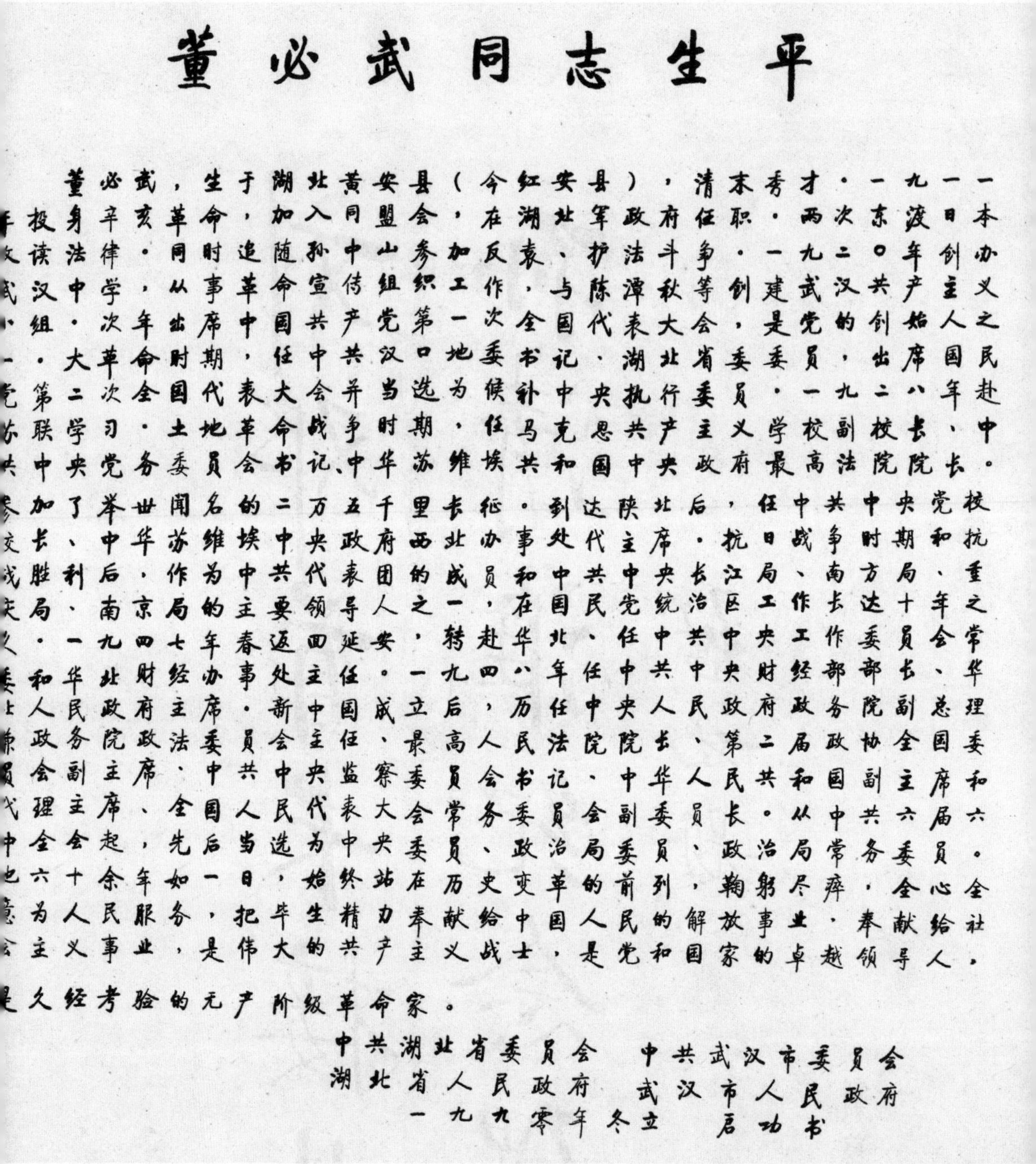

董必武生平纪念碑

位于湖北省武汉市

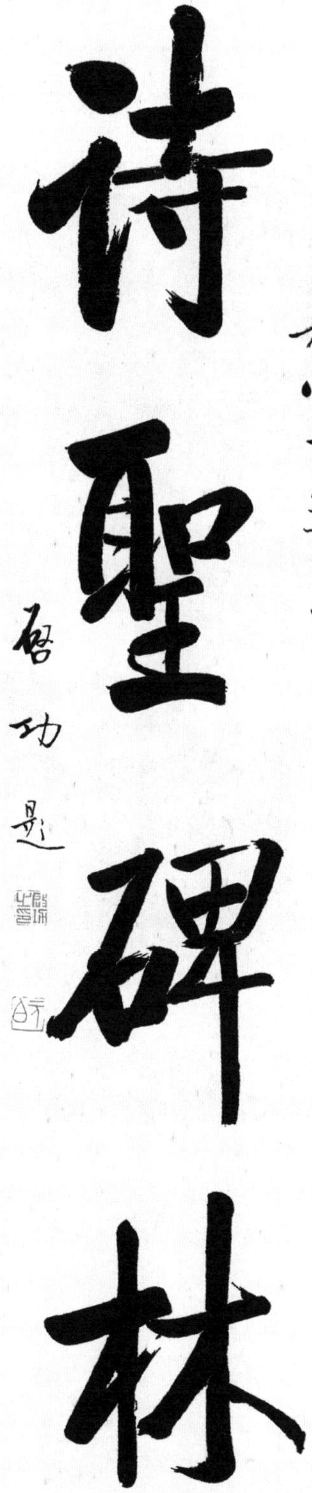
詩聖碑林
一九八七年四月
啟功題

诗圣碑林
位于湖北省武汉市

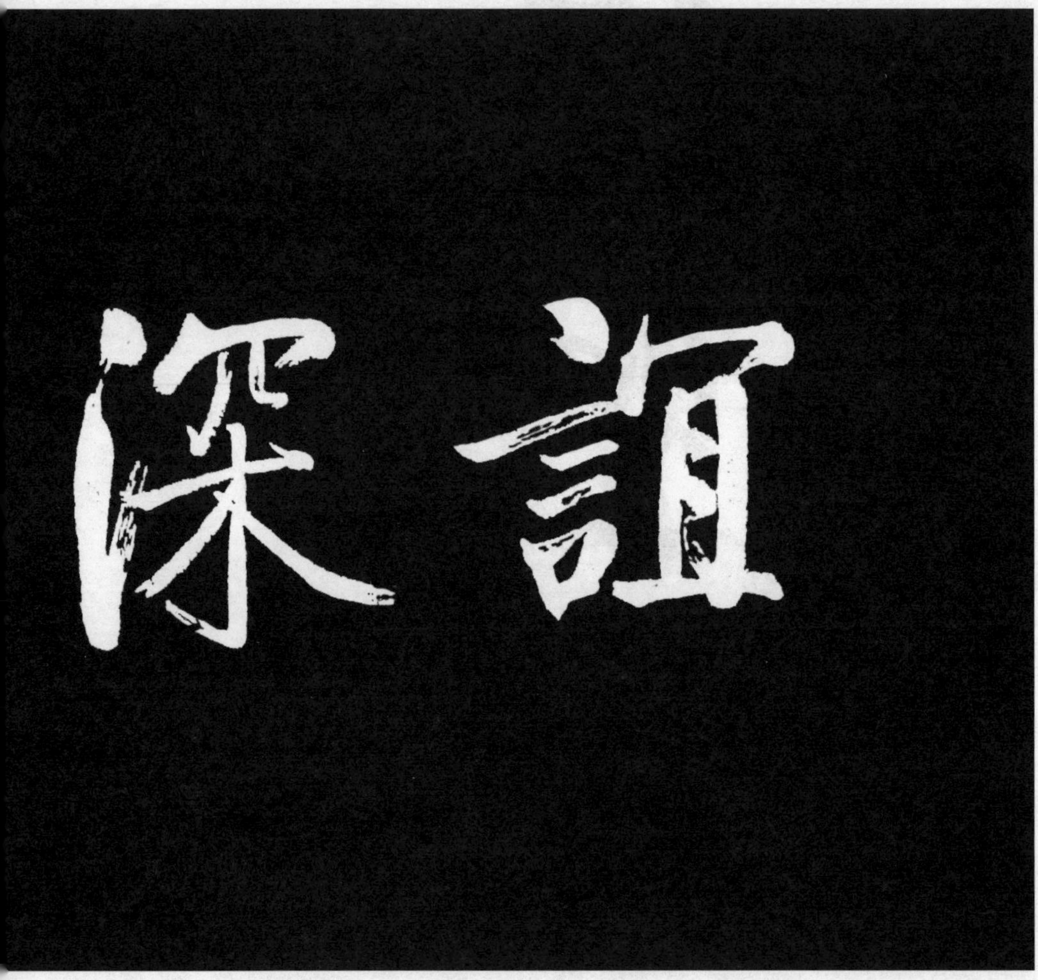

谊深学海

位于河北省保定市莲池书院碑廊

學海
啓功敬題

顺德西山碑廊

位于广东省顺德市西山庙

山
碑
廊
启功

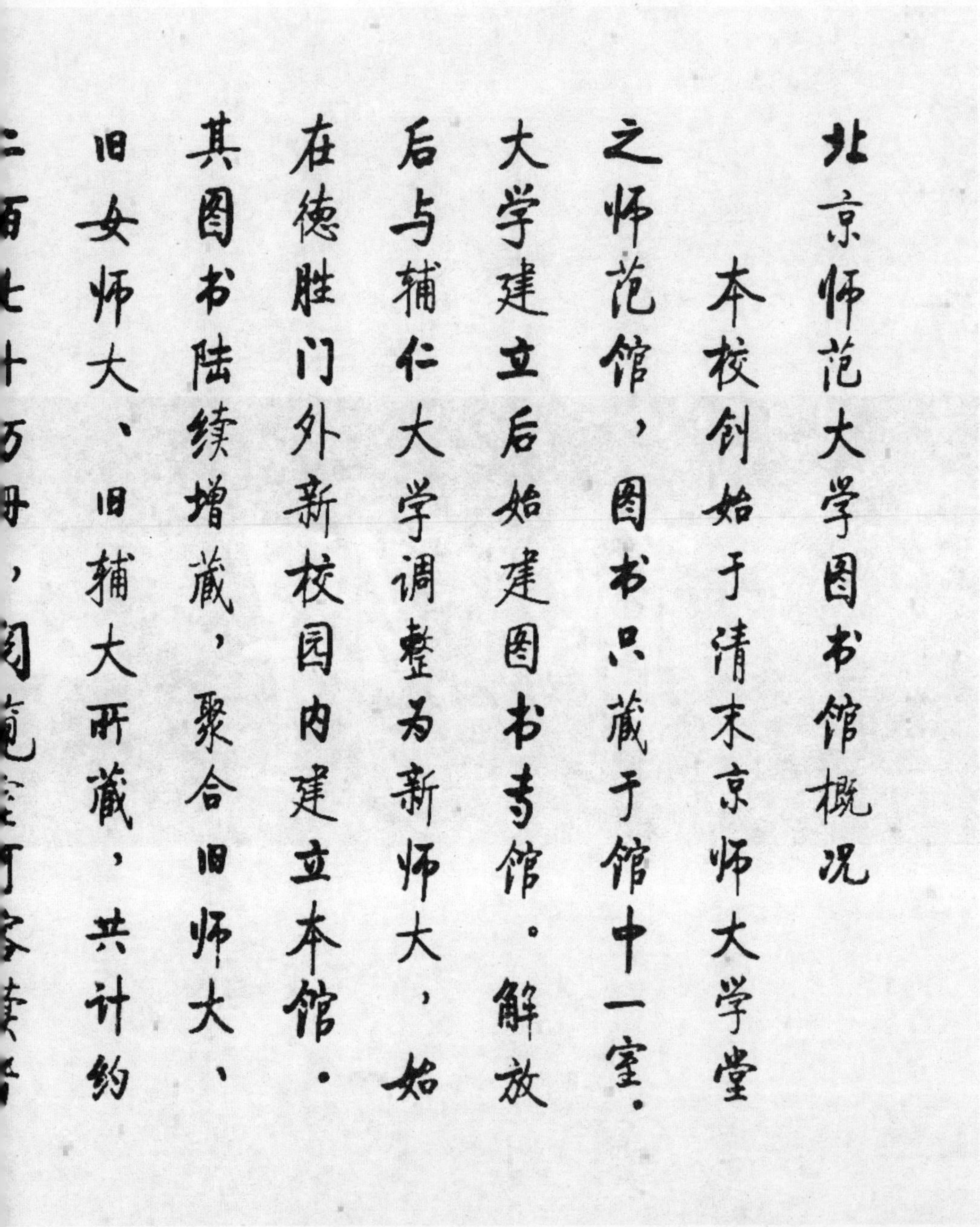
北京师范大学图书馆概况
本校创始于清末京师大学堂
之师范馆，图书只藏于馆中一室。
大学建立后始建图书馆。解放
后与辅仁大学调整为新师大，始
在德胜门外新校园内建立本馆。
其图书陆续增藏，聚合旧师大、
旧女师大、旧辅大所藏，共计约
二百七十万册，阅览室可容读

北京师范大学图书馆概况

位于北京师范大学图书馆旧馆大厅

今教育事业日加增进，本馆之楼房已不敷用，于是有增建新楼之议。今新楼落成，则二楼合计使用地面、阅览位置、藏弆图书，俱可顿增一倍有余。谨记梗概，以徵史实。

一九八九年六月北京师范大学识 教授启功书

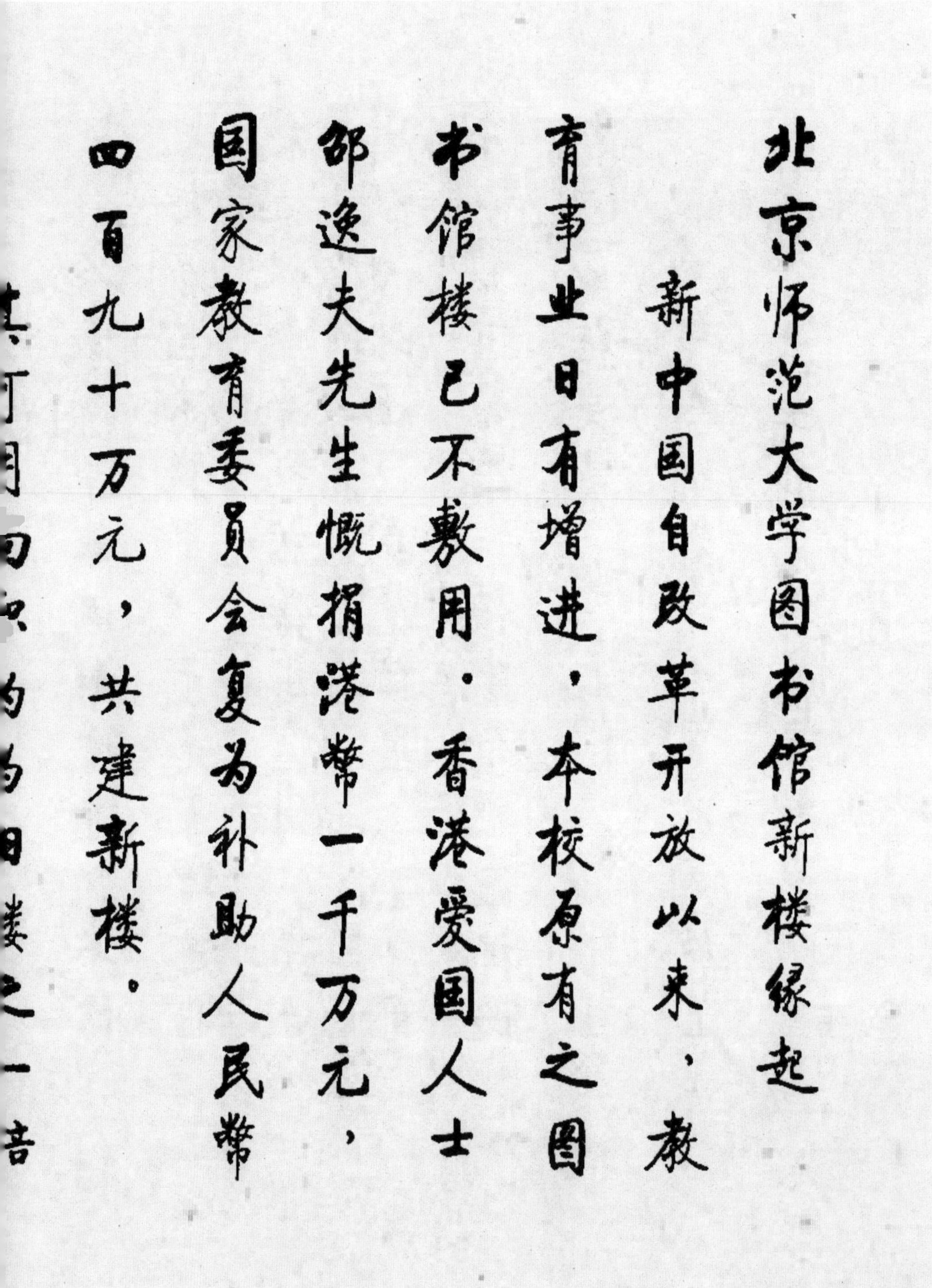
北京师范大学图书馆新楼缘起
新中国自改革开放以来，教育事业日有增进，本校原有之图书馆楼已不敷用。香港爱国人士邵逸夫先生慨捐港幣一千万元，国家教育委員会复为补助人民幣四百九十万元，共建新楼。

北京师范大学图书馆新楼缘起

位于北京师范大学图书馆旧馆大厅

半，藏书可增多约旧楼之一倍，
阅览位置视旧楼可增多一倍有余。
一九八七年十一月奠基，一九八九
年六月落成。具见我国教育事业
之新貌，及香港同胞之热忱。谨
志缘起，以资纪念。
一九八九年六月北京师范
大学识　教授启功书

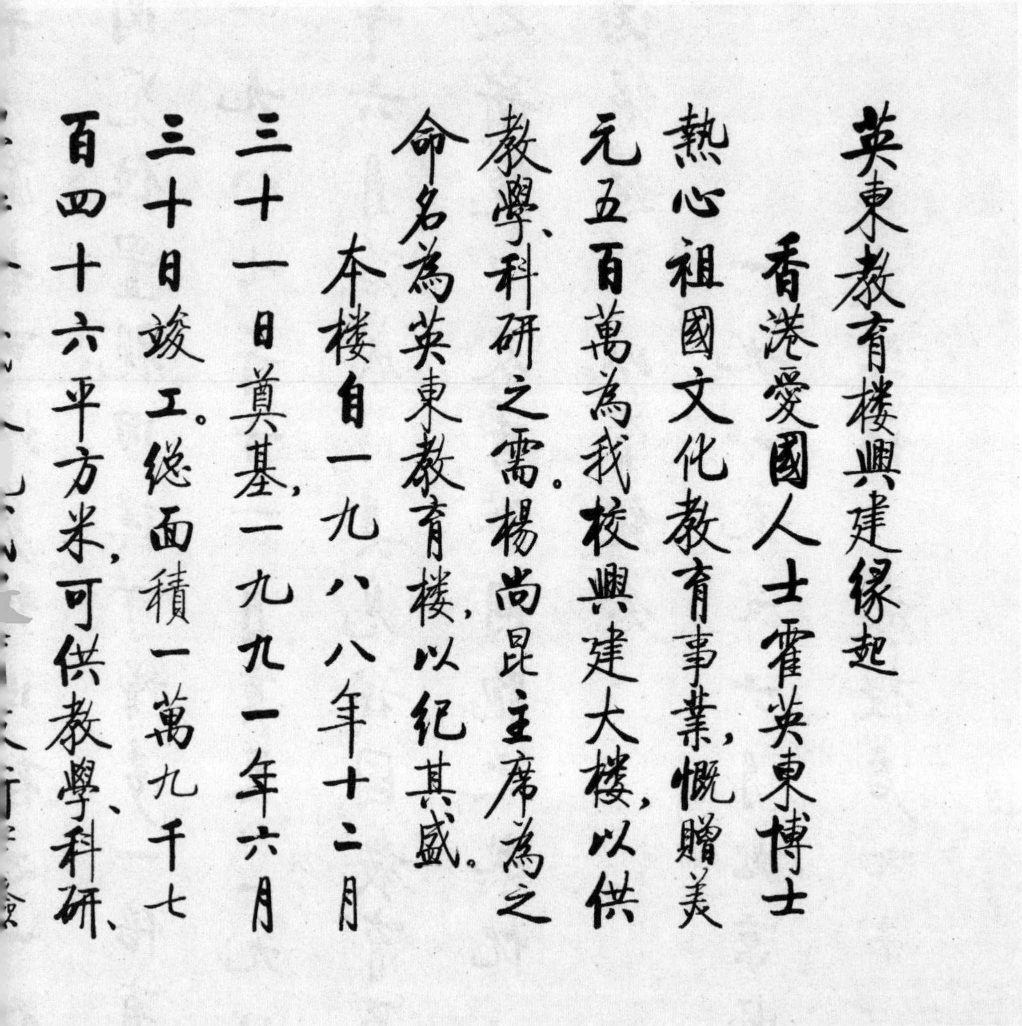
英東教育樓興建緣起
香港愛國人士霍英東博士
熱心祖國文化教育事業，慨贈美
元五百萬為我校興建大樓，以供
教學、科研之需。楊尚昆主席為之
命名為英東教育樓，以紀其盛。
本樓自一九八八年十二月
三十一日奠基，一九九一年六月
三十日竣工。總面積一萬九千七
百四十六平方米，可供教學、科研、

英东教育楼兴建缘起

位于北京师范大学英东学术会堂一层大厅

報、圖書刊物、種種資料，以為各項
教學、科研之助。
此樓之興建，於我國、我校教
育事業之發展，作用至為深遠。今
當全部落成之日，謹誌緣起，以為
紀念。

一九九一年十月一日

北京師範大學校長方福康

撰記

教授啓功書

英東教育樓興建緣起

香港愛國人士霍英東博士熱心祖國文化教育事業，慨贈美元五百萬爲我校興建大樓，以供教學、科研之需。楊尚昆主席爲之命名爲英東教育樓，以紀其盛。

本楼自一九八八年十二月三十一日奠基，一九九一年六月三十日竣工。總面積一萬

九千七百四十六平方米，可供教學、科研、學術會議及現代教育技術實驗工作之用。並可收

集、儲存學術情報、圖書刊物、種種資料，以爲各項教學、科研之助。此樓之興建，於我國、我校教育事業之發展，作用至為深遠。今當全部落成之日，謹誌緣起，以為紀念。

一九九一年十月一日
北京師範大學校長方
福康撰記
教授啓功書

一葦来臺城梁皇意扞格北上嵩高山十年甘面壁
受衣命懸絲遠走莫遲留舜静宗門中何以生戈矛
一部楞伽經一卷金剛分行者不識字換却初祖訓
德山棒其徒南泉斬其猫既受具足戒然氣一何高
口頭公案禪積来如山從何如馬大師磨塼坐不動
一千五百年相去如朝暮多習安般禪少計檀施數
嵩山少林寺啓建一千五百周年
歲次乙亥孟秋之月長白啓功敬頌

嵩山少林寺启建一千五百周年

位于河南省嵩山少林寺

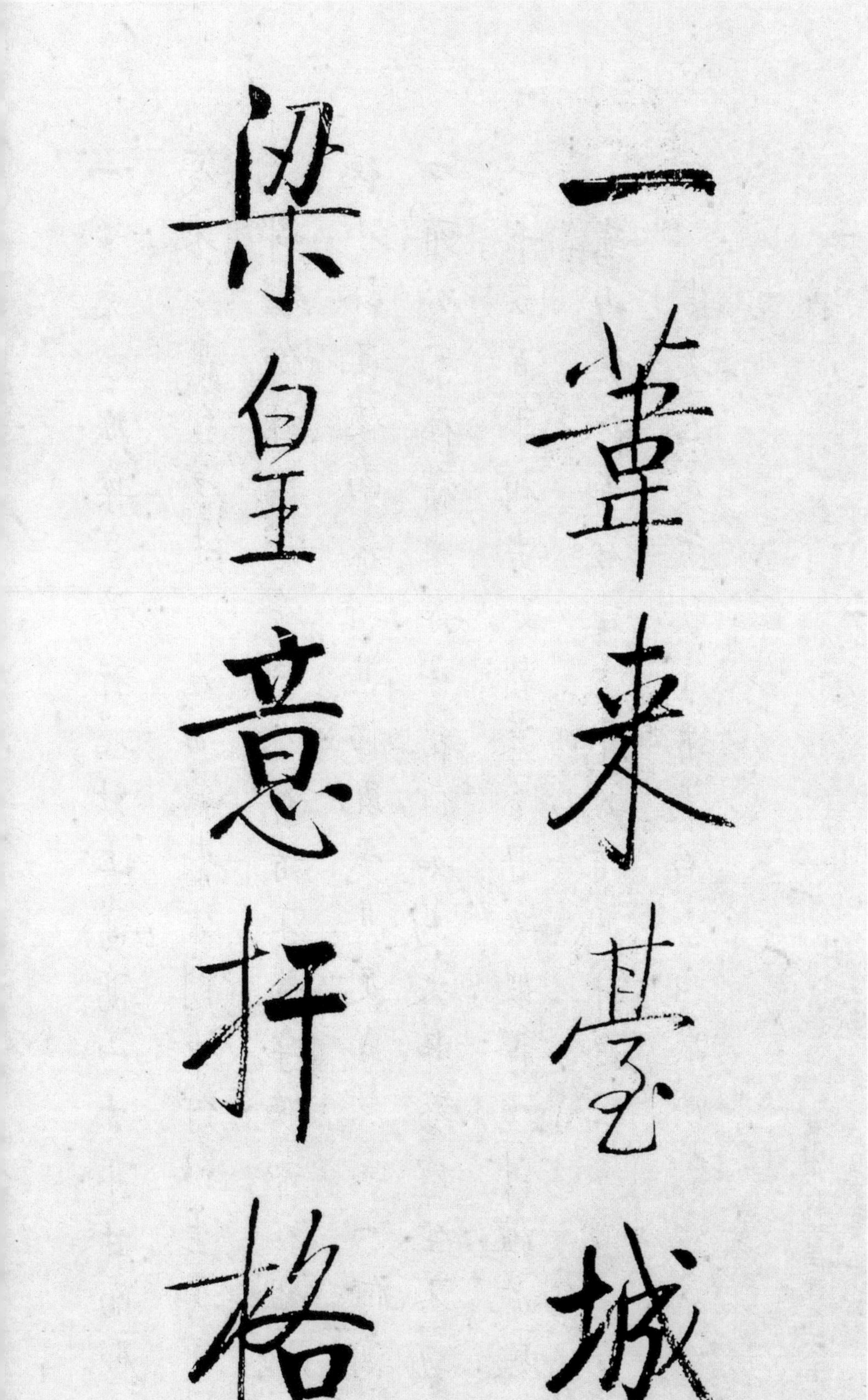
一筆来甚城
梁皇意扞格

北上嵩高山
十年甘面壁

受衣命懸絲
速走莫遲留

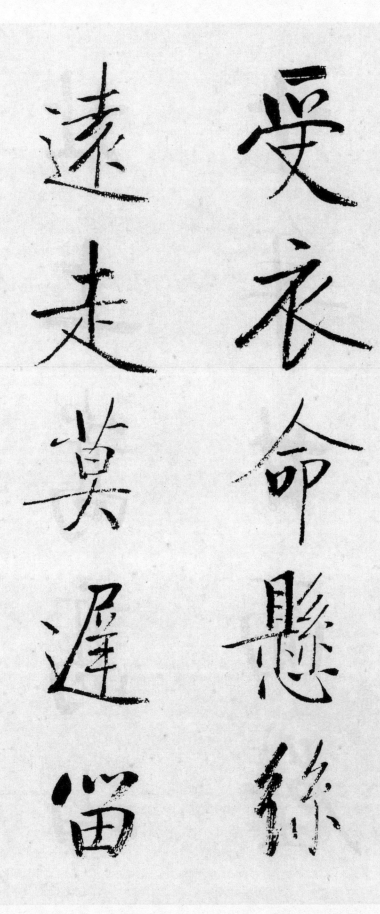

寂静宗門中
何以生戈矛

一部楞伽經
一卷金剛分

行者不識字
換却衲祖訓

德山棒其徒
南泉斬其貓

既受具足戒

煞氣一何高

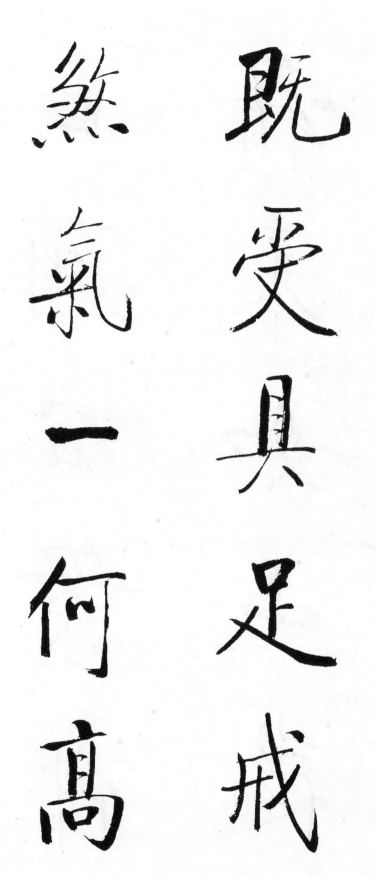

口頭公案禪
積來如山從

何如馬大師
磨塼坐不動

一千五百年
相去如朝暮

多習安般禪

少計檀施數

嵩山少林寺
啓建一千五

百周年
歲次乙亥冬

59

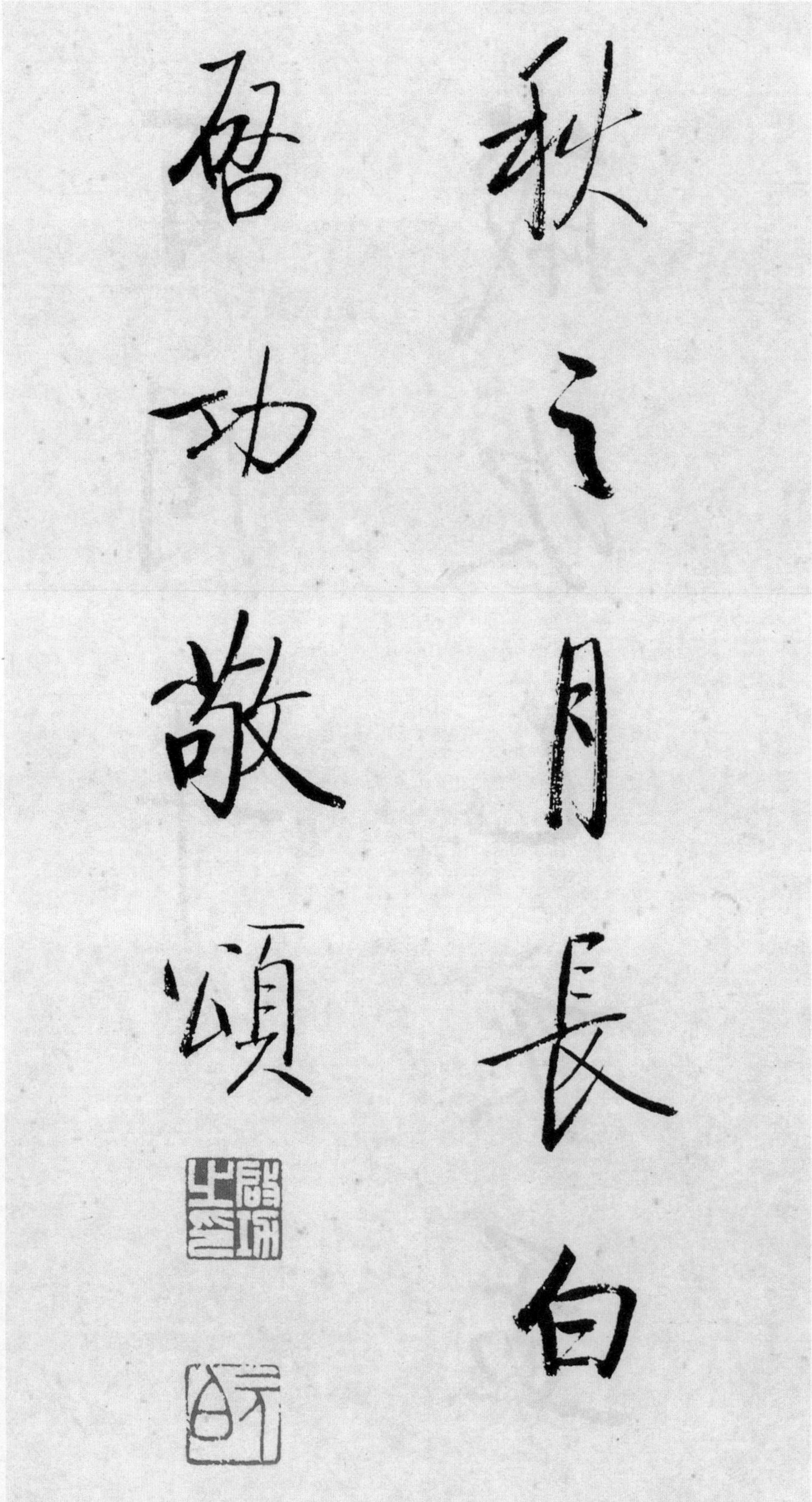
秋之月長白
啟功敬頌

孫大光同志偕夫人張剛同志捐貲興學記

壽春孫大光同志艱辛革命數十年無他嗜好惟以書畫自怡与夫人張剛同志偕搜明清名家真迹於紛放之餘積百數十件一九八七年夏舉以捐贈安徽省博物館獎金悉數為壽縣興學之資縣人選石勒銘以誌盛事屬功為之記銘曰

筆精墨妙推前修　法書名畫垂千秋　歷經劫火稀傳流
壽州伉儷勤搜求　朝披暮捲欣忘憂　盈箱溢篋何勝收
不甘自秘韞匱留　遥為桑梓瓊瑤投　樹人之資貽遠謀
与衆同賞誠嘉猷　昔人妙迹幸有託　賢無今古堪相儔

一九八七年秋日　啓功并書

孙大光捐资兴学记

位于安徽省寿县

孫大光同志偕夫人張剛同志捐貲興學記

壽春孫大光同志艱
辛革命數十年無他
嗜好惟以書畫自怡

与夫人張剛同志偕
搜明清名家真迹於
紛放之餘積百數十

件一九八七年夏皋
以捐贈安徽省博物
館獎金悉數為壽縣

興學之資縣人選石

勒銘以誌盛事屬功

為之記銘曰

筆精墨妙推前修
法書名畫垂千秋
歷經劫火稀傳流
壽州侃儷勤搜求

朝披暮捲欣忘憂
盈箱溢篋何勝收
不甘自秘韞匱留
遥為桑梓瓊瑶投

樹人之資貽遠謀
与衆同賞誠嘉猷
昔人妙迹幸有託
賢無今古堪相傳

一九八七年秋日
啓功并書

寶界雙橋記

無錫榮德生先生，奮起於二十世纪之初，無多承籍，與兄　宗敬先生合力振興實業，造福桑梓。推而益廣，事業遍於南北。首創無錫茂新麵粉廠，次曰申新紗廠。茂新再擴曰福新，又各有增益，為廠至於二十有餘，綜以茂福申新公司之號。其所經營，實以民生衣食為本。設廠既多，而居民之就業者，乃不可勝數。原夫　德生先生之用心，蓋遵

先德熙泰先生之遺訓，所謂「立身治家，常須推其有餘」，且謂「交通為地方之命脈，教育尤為事業之母」。故力闢開原路、通惠路，以次遂有百橋公司之設。教育則有江南大學、公益中小學、競化女學等。社會文化教育，則於大公圖書館致力最鉅。其造就人材，歷數世而不替。　德翁有七子，　毅仁先生居第四。以愛國赤誠，為衆所推戴。今登副揆，襄主國政。哲嗣　智健先生，幼承祖訓，長助父業，中歲自展新猷於境外，斐然與南陬巨绅並軌齊驅，海內外咸稱祖國多賢，而　德生先生累世之厚澤祥徵，於斯而著。昔值　德翁六十華誕，　毅仁先生昆仲謀所以為壽者，　德翁不許。自命造橋，以利行旅，是為寶界橋，橋六十孔，以應壽紀。今逢

德生先生一百二十誕辰，　智健先生鑒於梓里繁盛，數倍往昔，交通擁塞，新途亟待增闢。乃秉父志，繼建新橋，用以仰資仙福，命功記其事。竊念立身揚名，為孝之大者。父子顯揚，實為稀有之盛事，而

德翁熱心公益事業之功，與夫興教育人之澤，於此可徵，且更垂於無既焉。謹就所聞，述為斯記。

公元一九九四年秋日　長白啓功拜撰并書

宝界双桥记

位于江苏省无锡市宝界桥头

寶畀雙橋記

無錫榮德生先生，奮

起於二十世紀之初，

無多承籍，與兄宗敬先生合力振興實業，造福桑梓。推而

益廣、事業遍於南北。首創無錫茂新麵粉廠，次曰申新紗廠。茂新

再擴曰福新，又各有增益，為廠至於二十有餘，綜以茂福申新

公司之號。其所經營，實以民生衣食為本。設廠既多，而居民之

就業者，乃不可勝數。原夫德生先生之用心，蓋遵

先德熙泰先生之遺訓，所謂「立身治家，常須推其有餘」，且謂「交通

為地方之命脈，教育尤為事業之母」。故力闢開原路、通惠路，

以次遂有百橋公司之設。教育則有江南大學、公益中小學、競

化女學等。社會文化教育，則於大公圖書館致力最鉅。其造就

人材，歷數世而不替。德翁有七子，毅仁先生居第四。以愛

國赤誠，為衆所推戴。今登副揆，襄、王國政。哲嗣 智健先生，幼

承祖訓，長助父業，中歲自展新猷於境外，斐然與南陬巨紳並軌

齊驅，海内外咸稱祖
國多賢，而德生先
生累世之厚澤祥徽，

於斯而著。昔值德翁六十華誕，毅仁先生昆仲謀所以為壽

者，徳翁不許。自命造橋，以利行旅，是爲寶界橋，橋六十

孔，以應壽紀。今逢

德生先生一百二十誕

辰，

智健先生鑒於

梓里繁盛，数倍往昔，交通拥塞，新途亟待增辟。乃秉父志，继

建新橋，用以仰資仙福，命功記其事。竊念立身揚名，為孝之

大者。父子題揚，實
為稀有之盛事，而
德翁熱心公益事業之

功，與夫興教育人之澤，於此可徵，且更垂於無既焉。謹就所聞，述爲斯記。

公元一九九四年秋日

長白啓功拜撰并書

中国印刷博物馆建馆纪念碑

雕板与活字印刷术之发明为中华民族对人类文明之伟大贡献。为弘扬民族文化，振兴印刷工业，中国印刷博物馆筹备委员会仰仗有关部门支持与新闻出版署领导，得到我国政府资助，并由海峡两岸暨香港、澳门有关机构及热心人士之捐赠，历时四年有馀，在北京大兴县建成中国印刷博物馆，使数代印刷界人士对此事业之夙愿终得实现。落成之际，江泽民主席与李鹏总理分别赐书馆名及题辞，有关领导、海内外社团、企事业单位、知名人士亦以不同方式给予鼓励，期望本馆能再现中国印刷术

中国印刷博物馆建馆纪念碑

位于北京市中国印刷博物馆

前贤，启迪後昆，再创辉煌。

中国印刷博物馆之建成是海内外八百餘单位及万餘热心人士群策群力之结果。至一九九六年四月止，共收到赞助款项折合人民币超过贰仟万元。国内外有近百家單位及五十餘人捐赠有关实物数千件，其中颇多珍品，使陈列收藏得以丰富。

博物馆之建设与充实为一长期过程，尚待各界人士赓续支持，以臻完善。为表谢忱，特建此碑，敬志鸿名，以彰盛举。後有相助者，亦将依式续镌，以垂久远！

一九九六年六月一日中国印刷博物馆立

长白啓功书

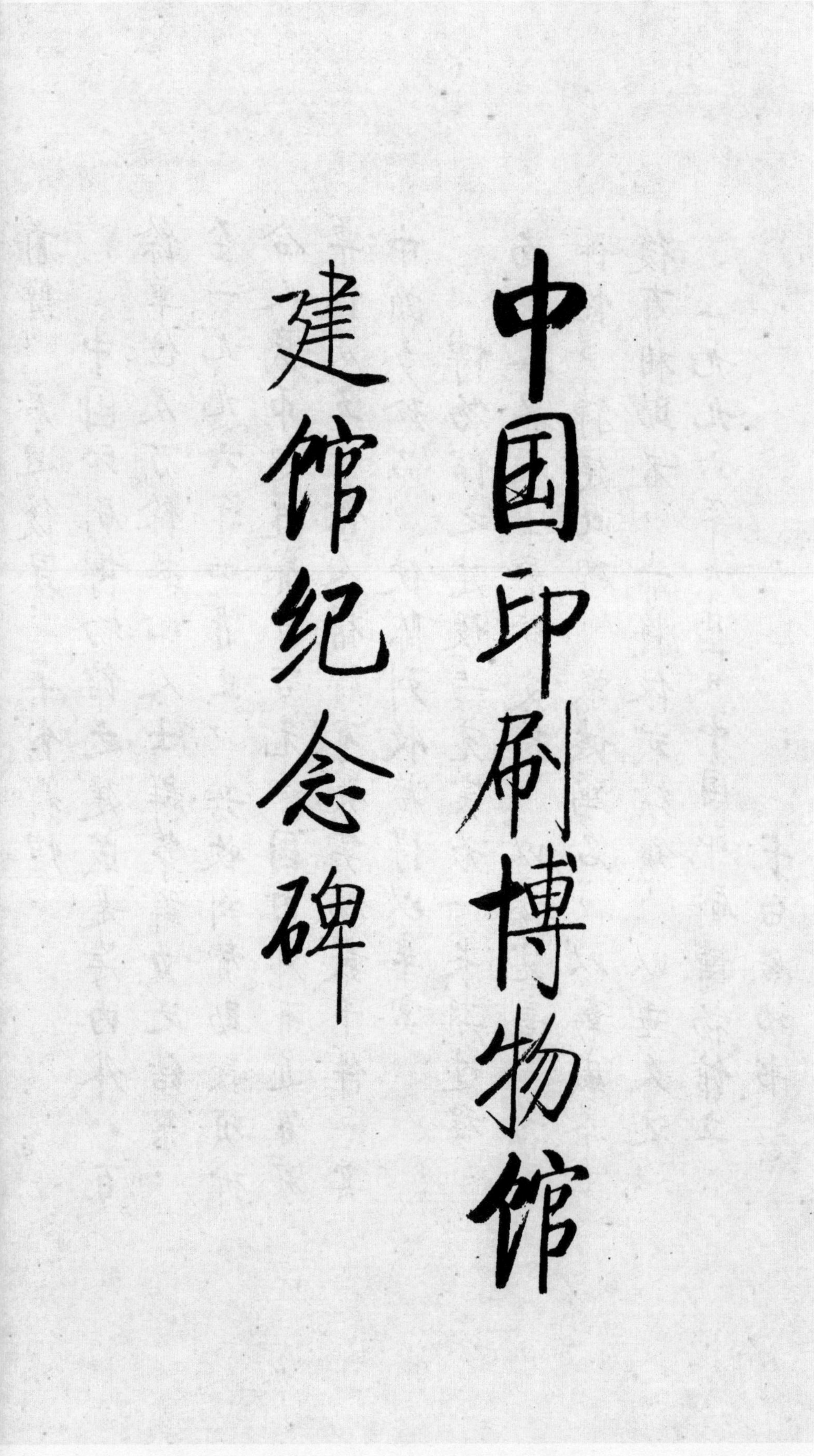
中国印刷博物馆
建馆纪念碑

雕板与活字印
刷术之发明为中华
民族对人类文明之

伟大贡献。为弘扬民族文化，振兴印刷工业，中国印刷

博物馆筹备委员会仰仗有关部门支持与新闻出版署领导，

得到我国政府资助，并由海峡两岸暨香港、澳门有关机构

及热心人士之捐赠，历时四年有馀，在北京大兴县建成中

国印刷博物馆，使
数代印刷界人士对
此事业之夙愿终得

实现。落成之际，江泽民主席与李鹏总理分别赐书馆名及

题辞，有关领导、海内外社团、企事业单位、知名人士亦以

不同方式给予鼓励，
期望本馆能再现中
国印刷术发明及印

刷工业发展之历程，
并以民族自豪感、
自信心凝聚海内外

炎黄子孙，追美前贤，居迪後昆，再创辉煌。

中国印刷博物馆之建成是海内外八百余单位及万余

热心人士群策群力之结果。至一九九六年四月止，共收到

赞助款项折合人民
币超过贰仟万元。
国内外有近百家单

位及五十餘人捐贈有关实物数千件，其中颇多珍品，使陈列收藏得以丰富。
博物馆之建设
与充实为一长期过

程，尚待各界人士赓续支持，以臻完善。为表谢忱，特建

此碑，敬誌鸿名，以彰盛举。後有相助者，亦将依式续镌，以垂久远！

一九九六年六月一日

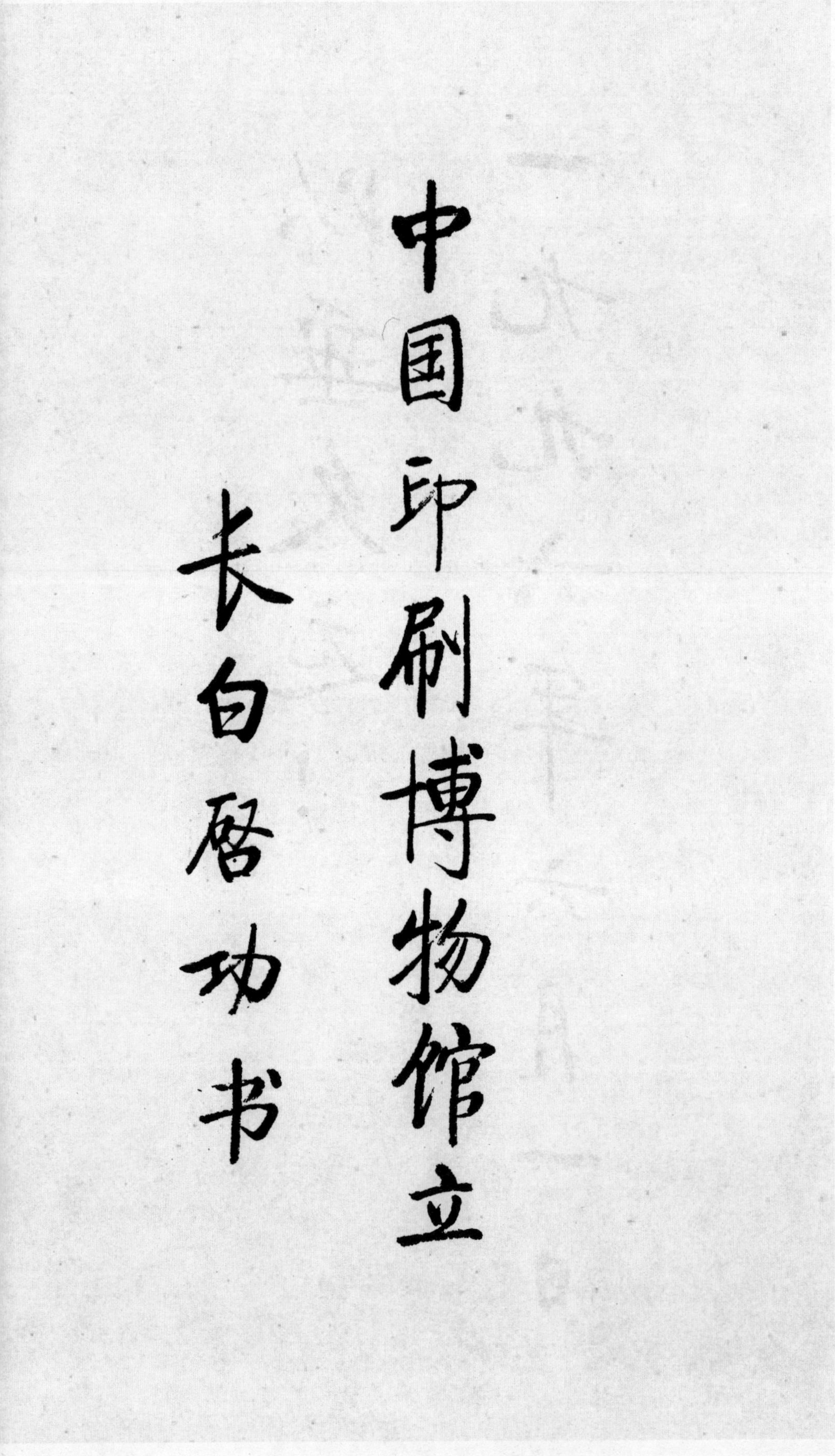
中国印刷博物馆立
长白啓功书

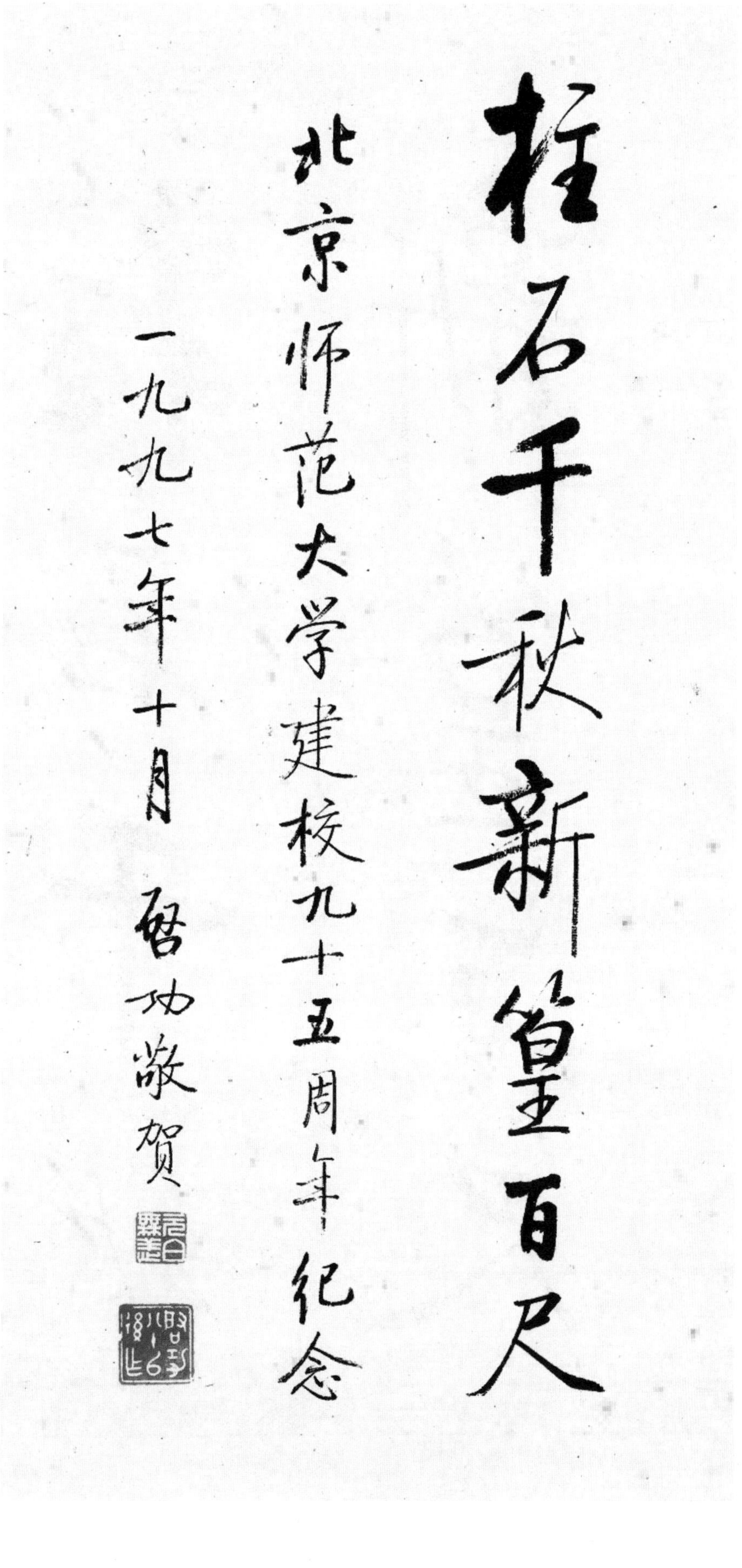
柱石千秋
新篁百尺
北京师范大学建校九十五周年纪念
一九九七年十月
启功敬贺

柱石千秋　新篁百尺

位于北京市大兴区敬文讲堂北侧

怪石千秋
新篁百尺

北京师范大学建校九十五周年纪念

一九九七年十月

启功敬贺

严子陵钓台碑园

嚴子陵釣

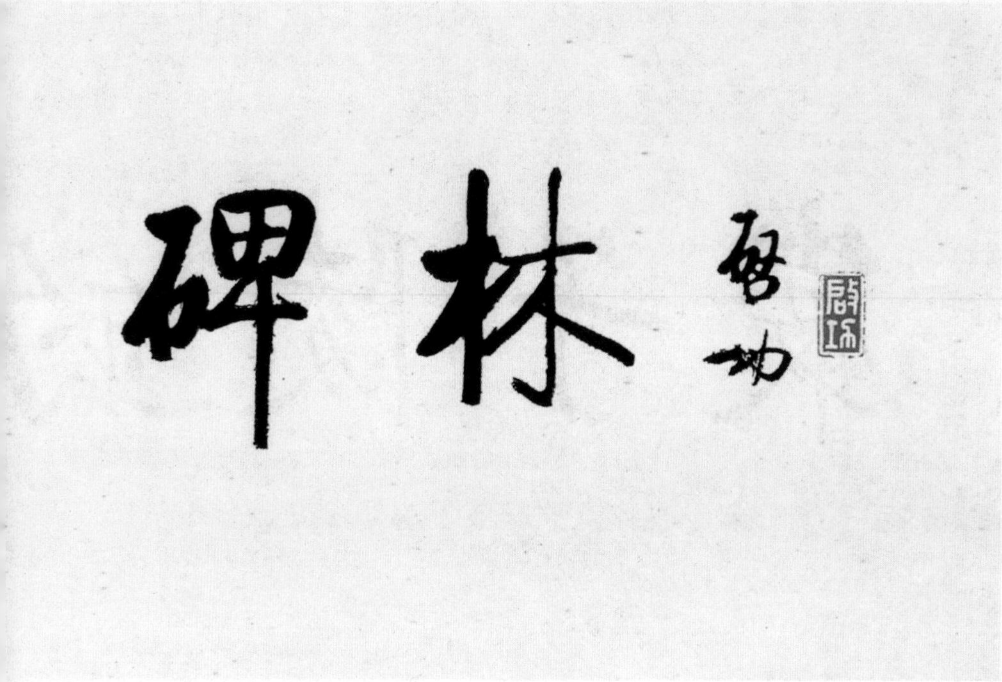

中国辽河碑林

位于辽宁省盘锦市双台子湖滨公园

中國遼

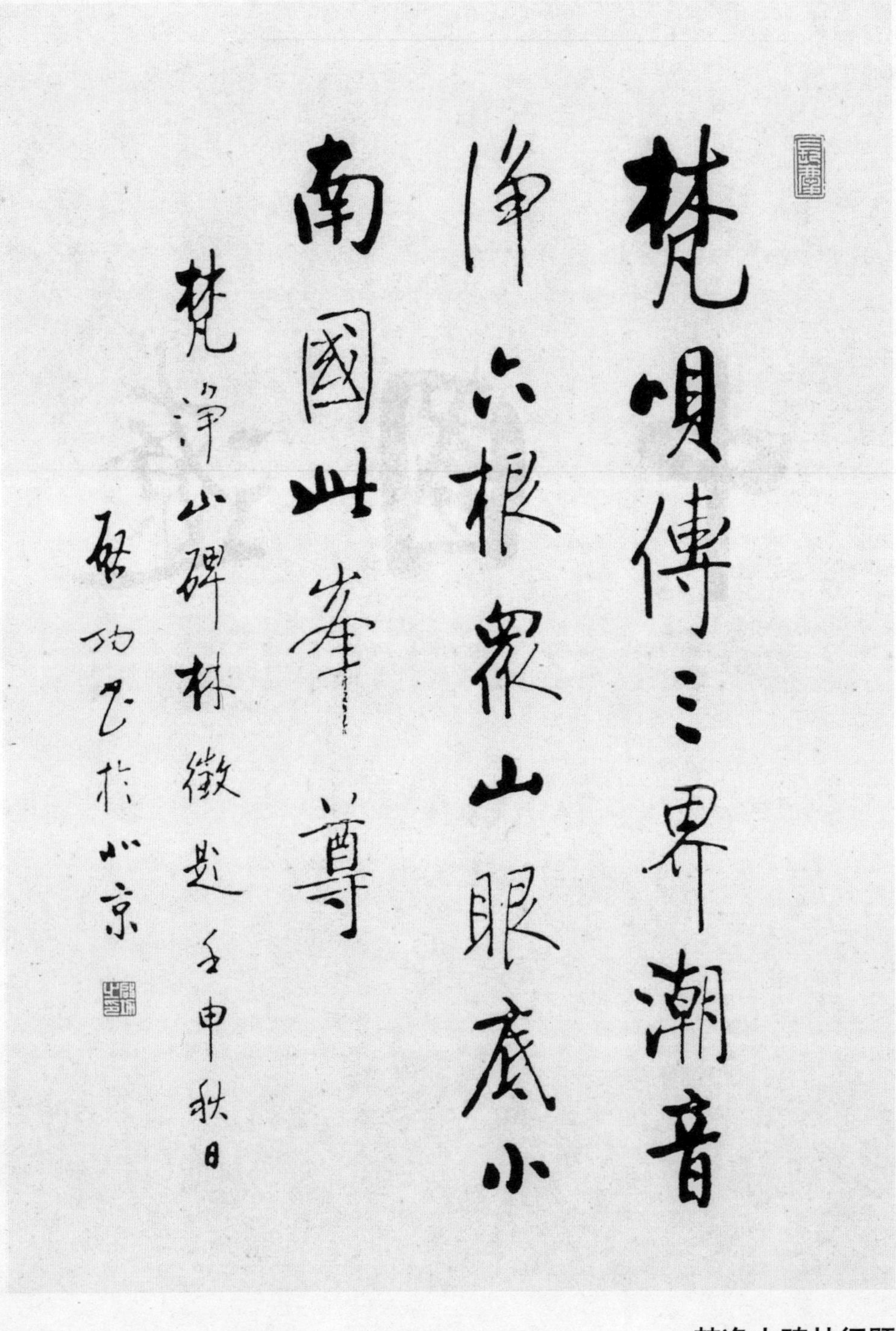

梵净山碑林征题

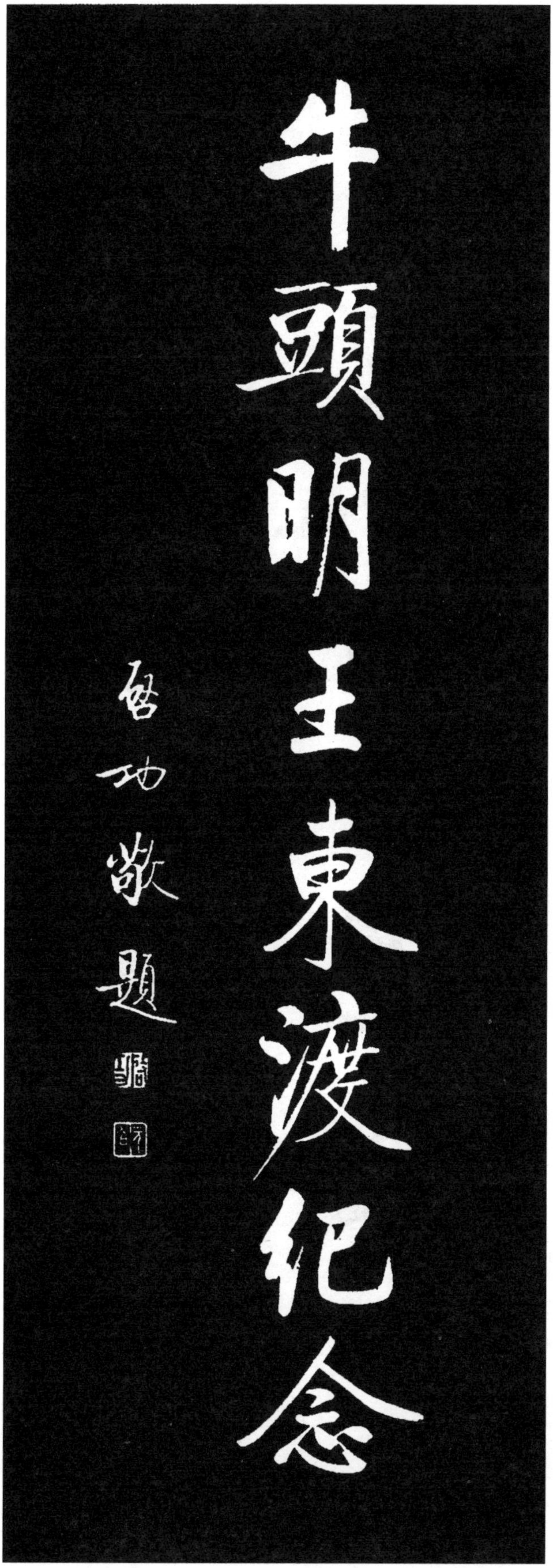
牛頭明王東渡紀念
啓功敬題

牛头明王东渡纪念

位于日本琦玉县八王寺

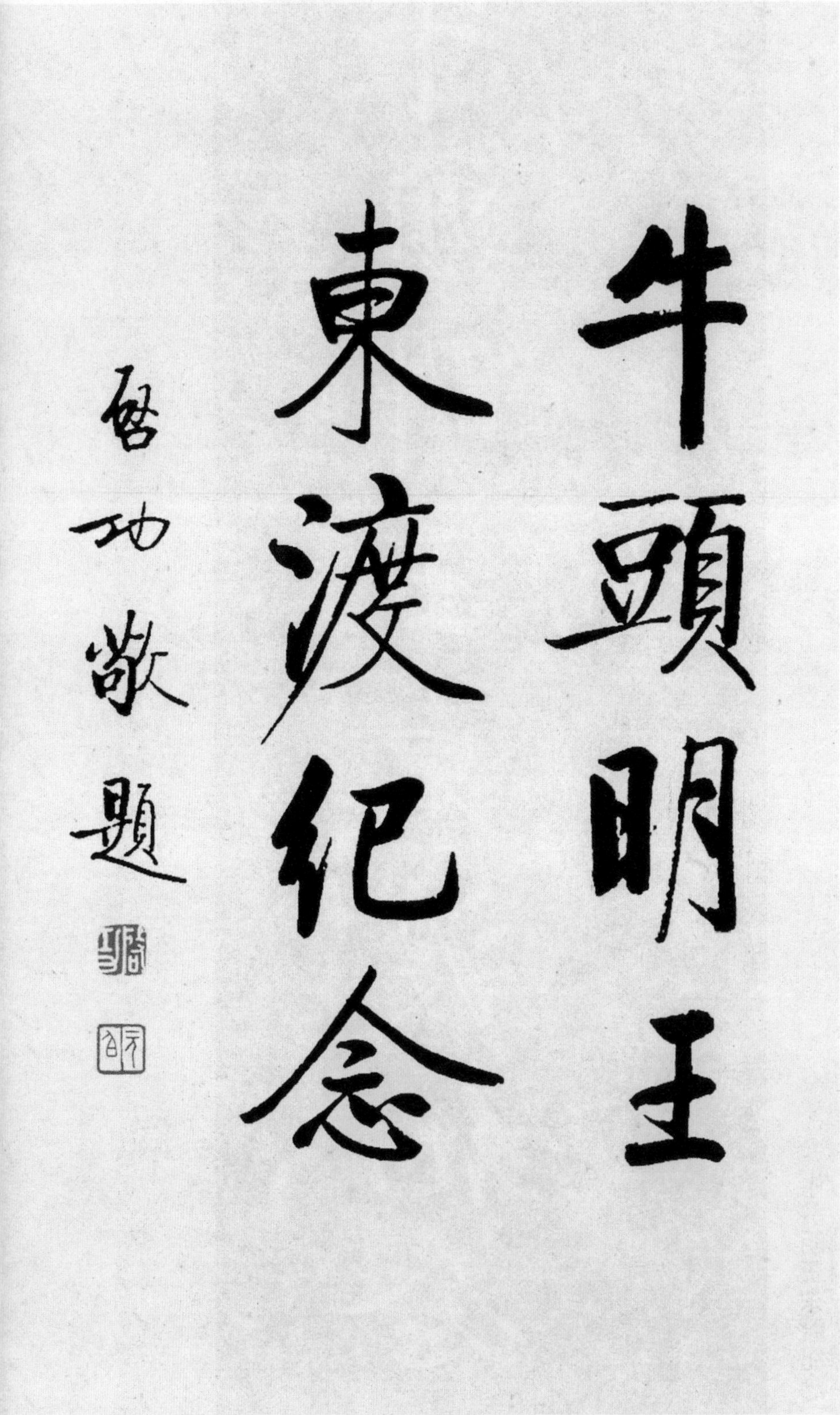
牛頭明王
東渡紀念
啓功敬題

伊洛高陵汴宋都也曾一代詡雄圖
幾千百年置棋劫二十四部相斫書
狂莽聲威流水逝石麟寂寞夕陽踈
當時執梃降王長地下重逢感不孤
一九八七年秋日題北宋陵一首 啟功并書

题北宋陵一首

伊洛高陵作宗都
也曾一代诩雄图

幾千百年置棋劫

二十四部相斫書

柱斧聲威流水逝

石麟寂寞夕陽踈

當時執梃降王長
地下重逢或不孤

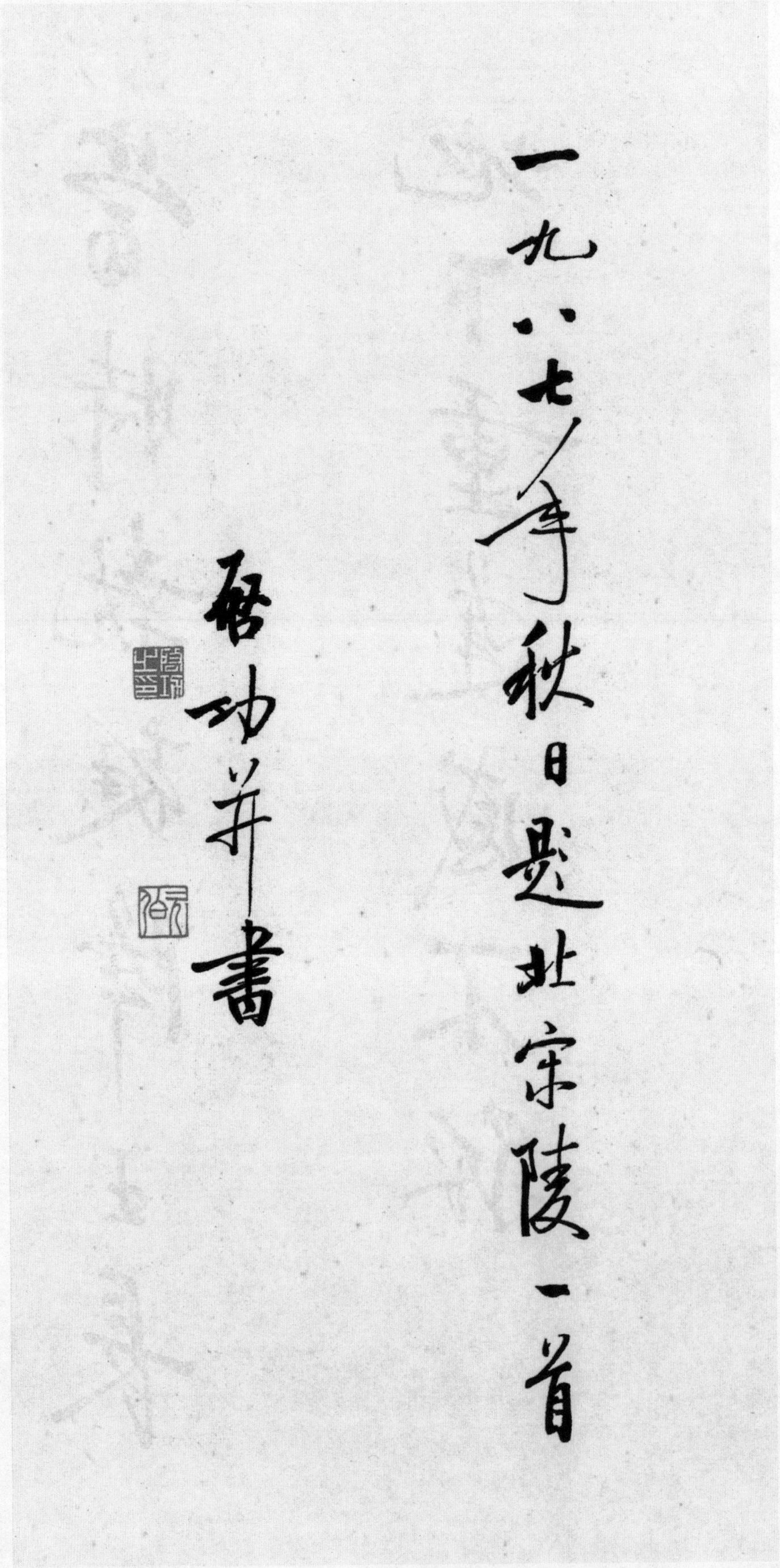
一九八七年秋日题北宋陵一首
启功并书

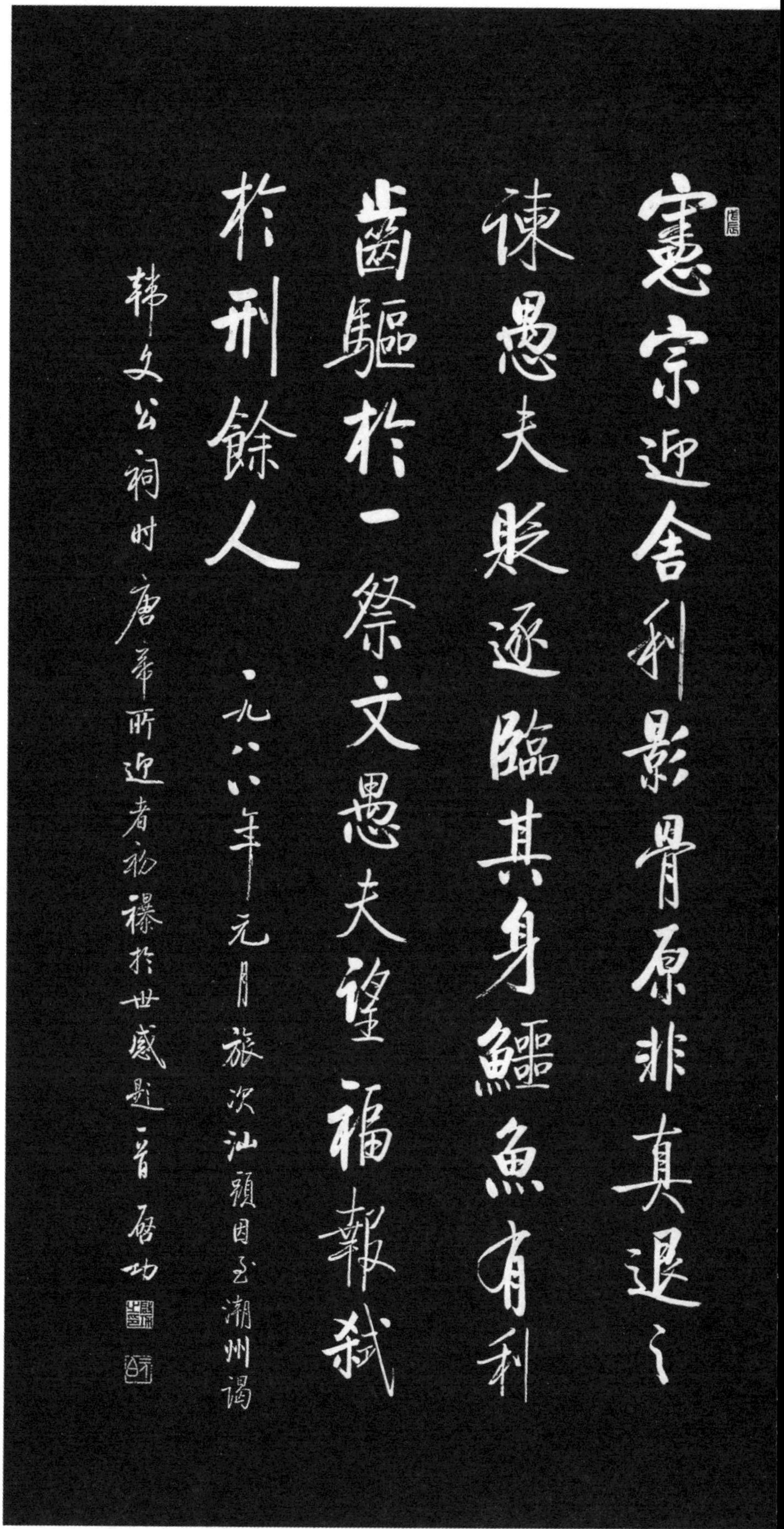
憲宗迎舍利影骨原非真退之
諫愚夫賤逐臨其身鱷魚有利
齒驅於一祭文愚夫望福報弒
於刑餘人
一九八六年元月旅次汕頭因至潮州謁
韓文公祠時唐帝所迎者初祿於世感題一首 啟功

谒韩文公祠

位于广东省汕头市韩文公祠

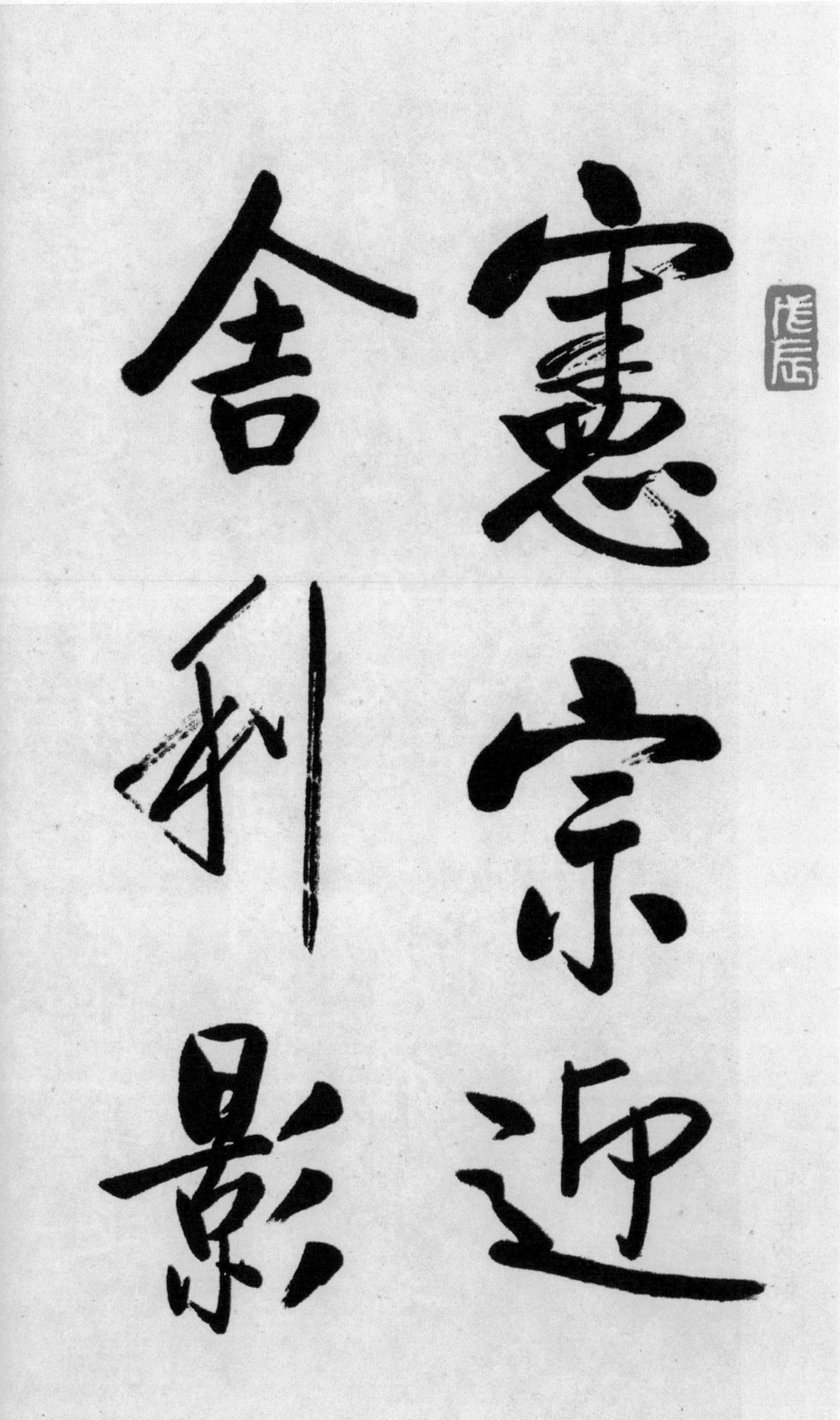
憲宗迎
舍利影

骨原非
真退々

朕　陈

逐　愚

临　夫

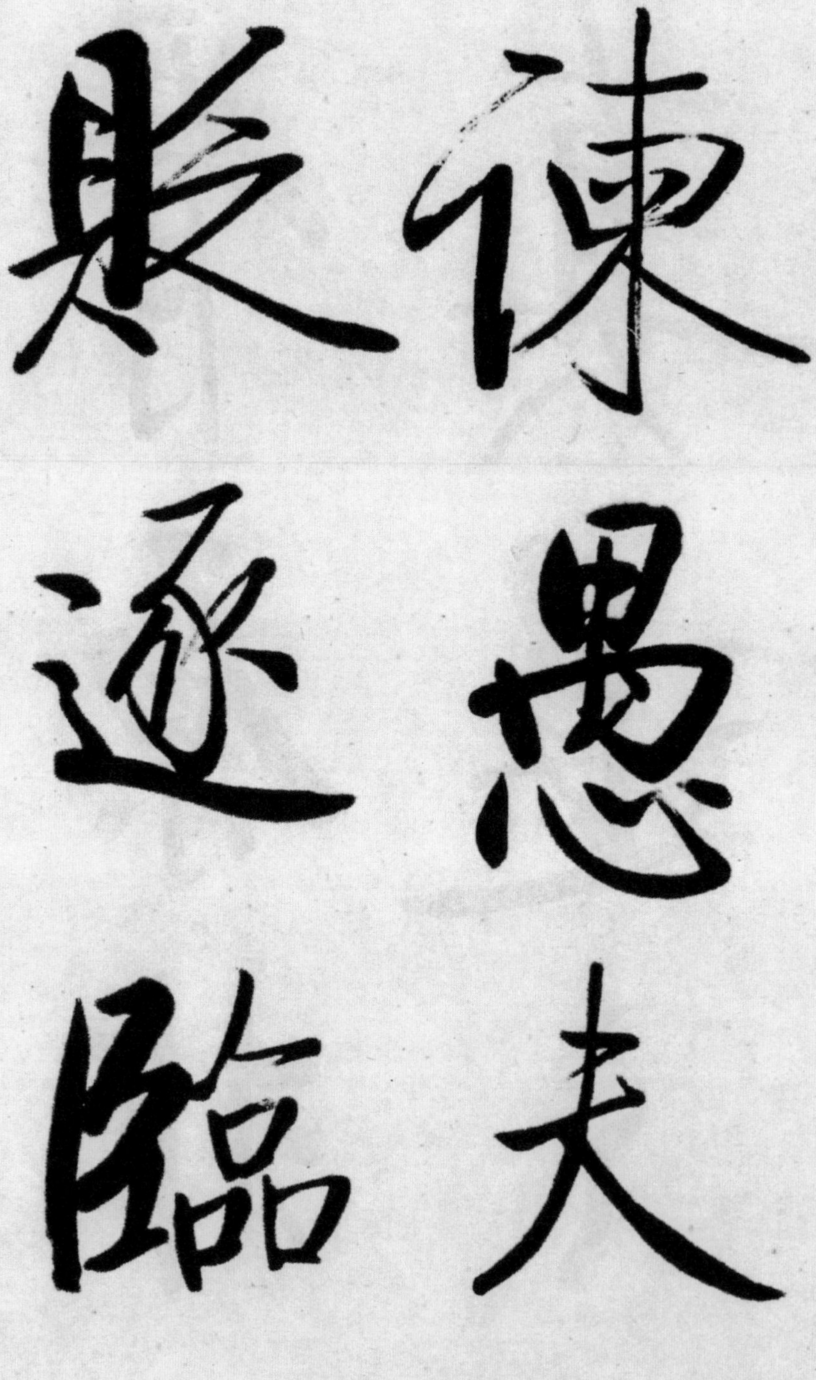

其身鱷
魚有利

齒驅於
一祭文

愚夫望
福報哉

於刑餘人

一九八八年
元月旅次汕頭

因过潮州谒
韩文公祠时

唐帝所迎者初
祿於世感題一首

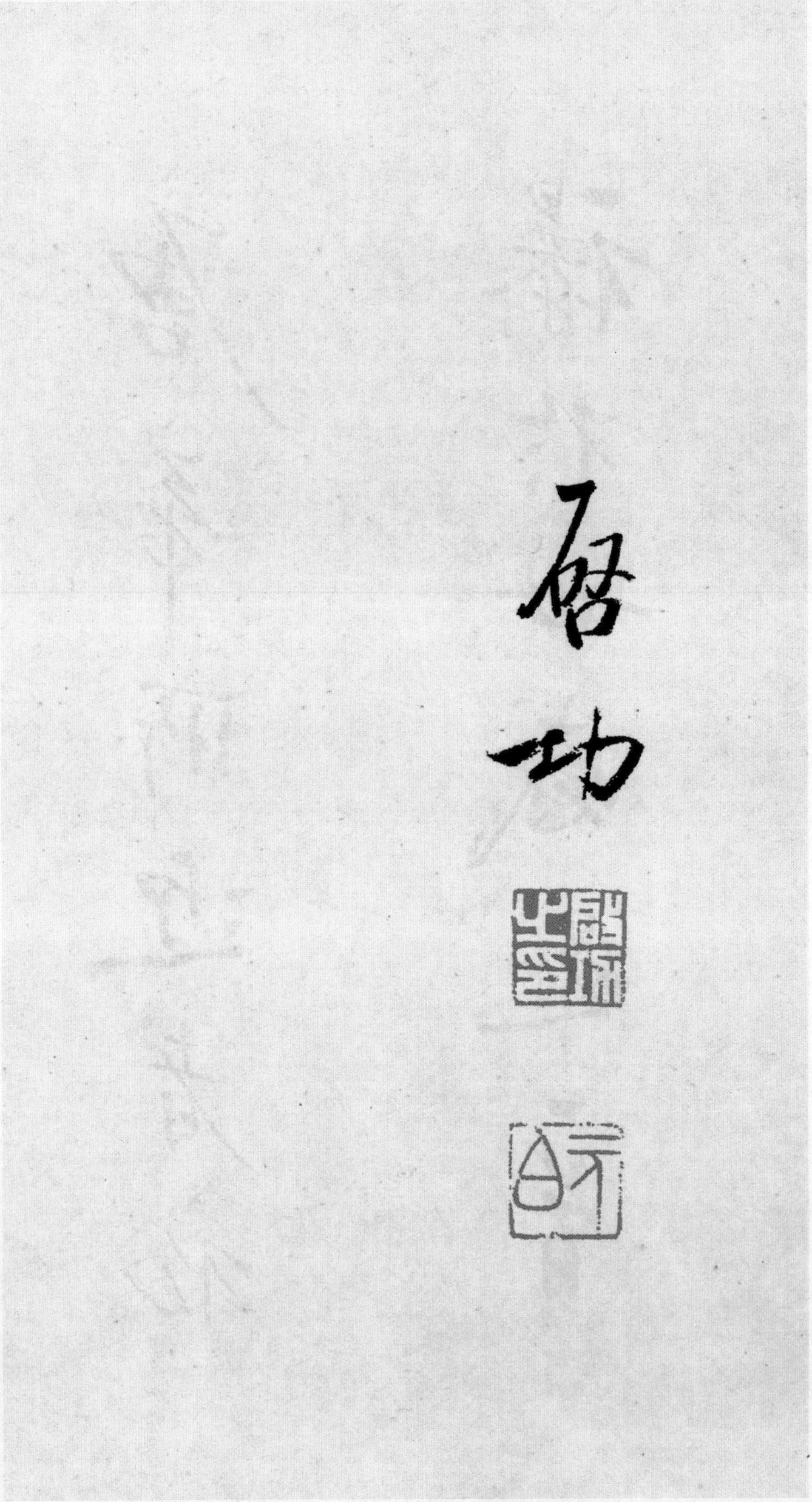
啓功

詹天佑纪念馆记

詹天佑先生是我国近代科学技术界的先驱，杰出的爱国工程师。他一生爱国实干，为我国自办铁路和开拓工程事业做出了重大贡献。他是中国人民的骄傲。

为了纪念詹天佑先生，学习他热爱祖国、自强不息的精神，在八达岭京张铁路的最高点修建詹天佑纪念馆，以缅怀前贤，激励后代，为振兴经济、传播文化，加强我国铁路现代化建设而奋斗。

一九八七年，建馆告成，因为是记。

吕正操撰　启功书

一九八七年．建馆告成，因为是记．

詹天佑纪念碑

位于北京市八达岭詹天佑纪念馆

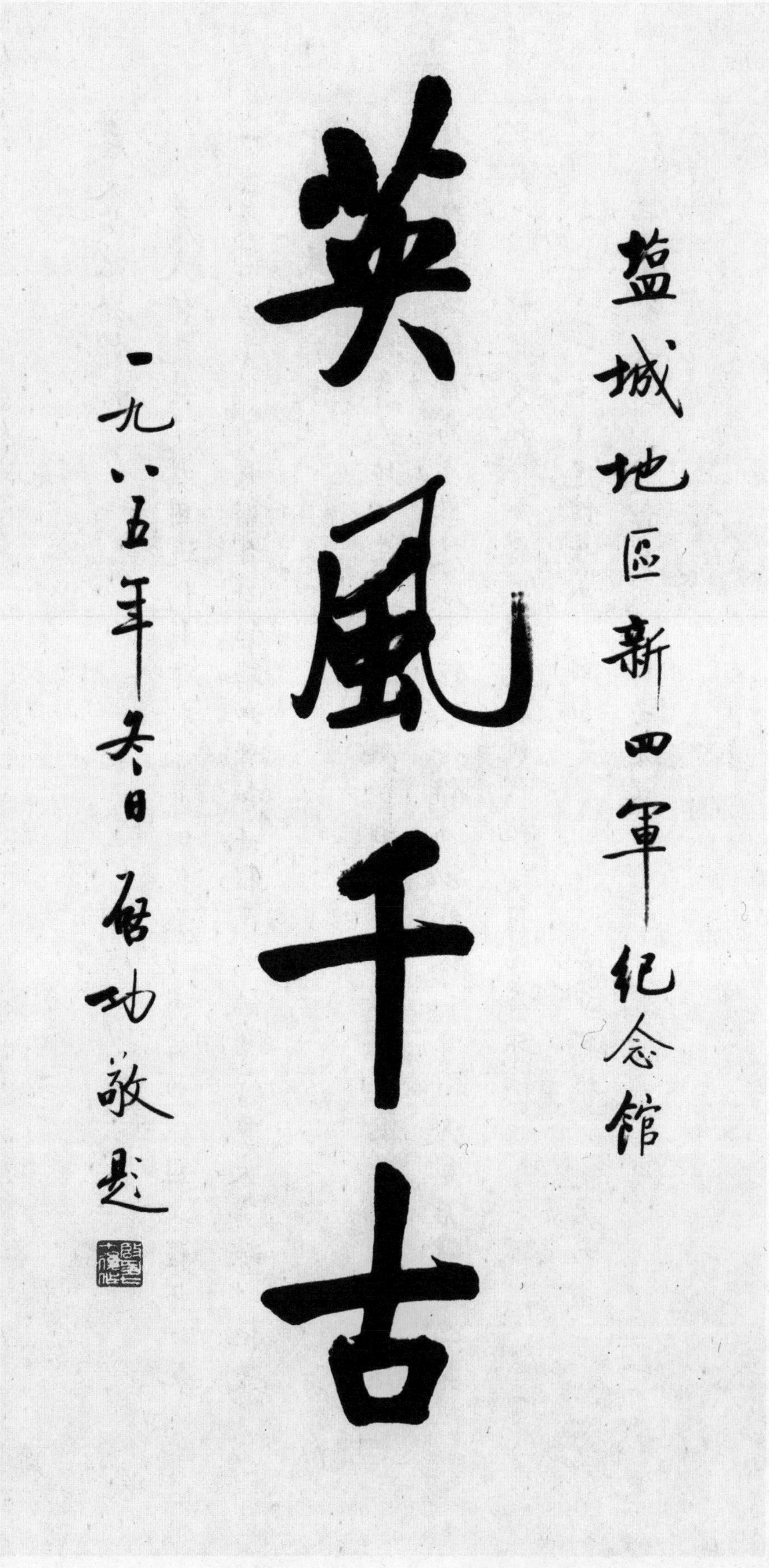

英风千古

位于江苏省盐城市新四军纪念馆

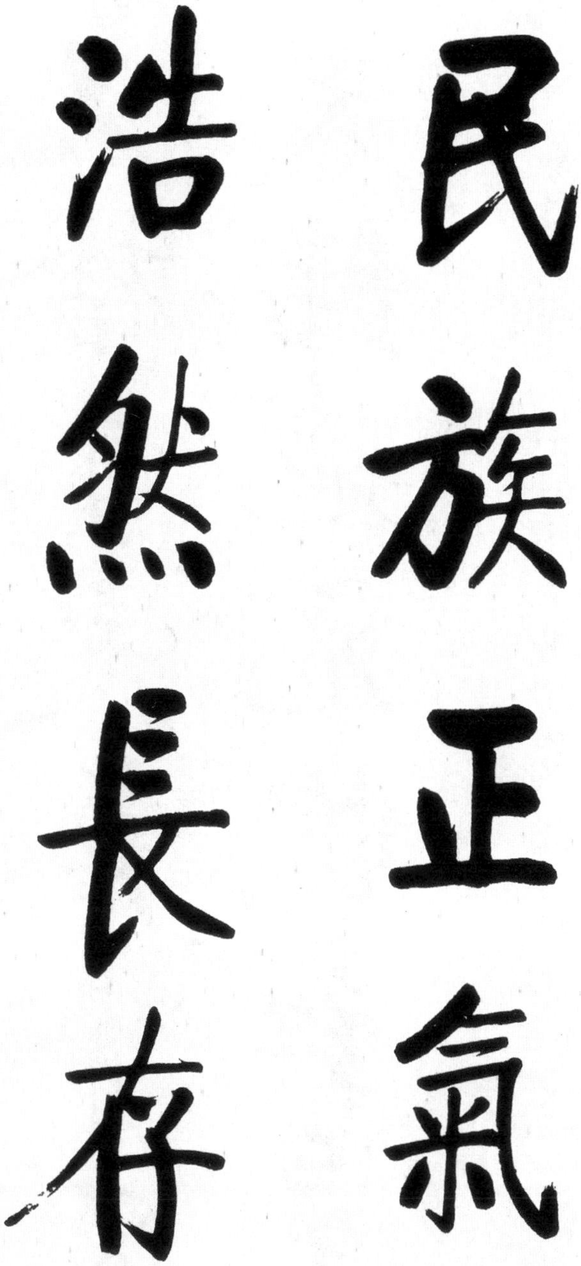

民族正气　浩然长存

位于北京丰台抗日战争纪念馆

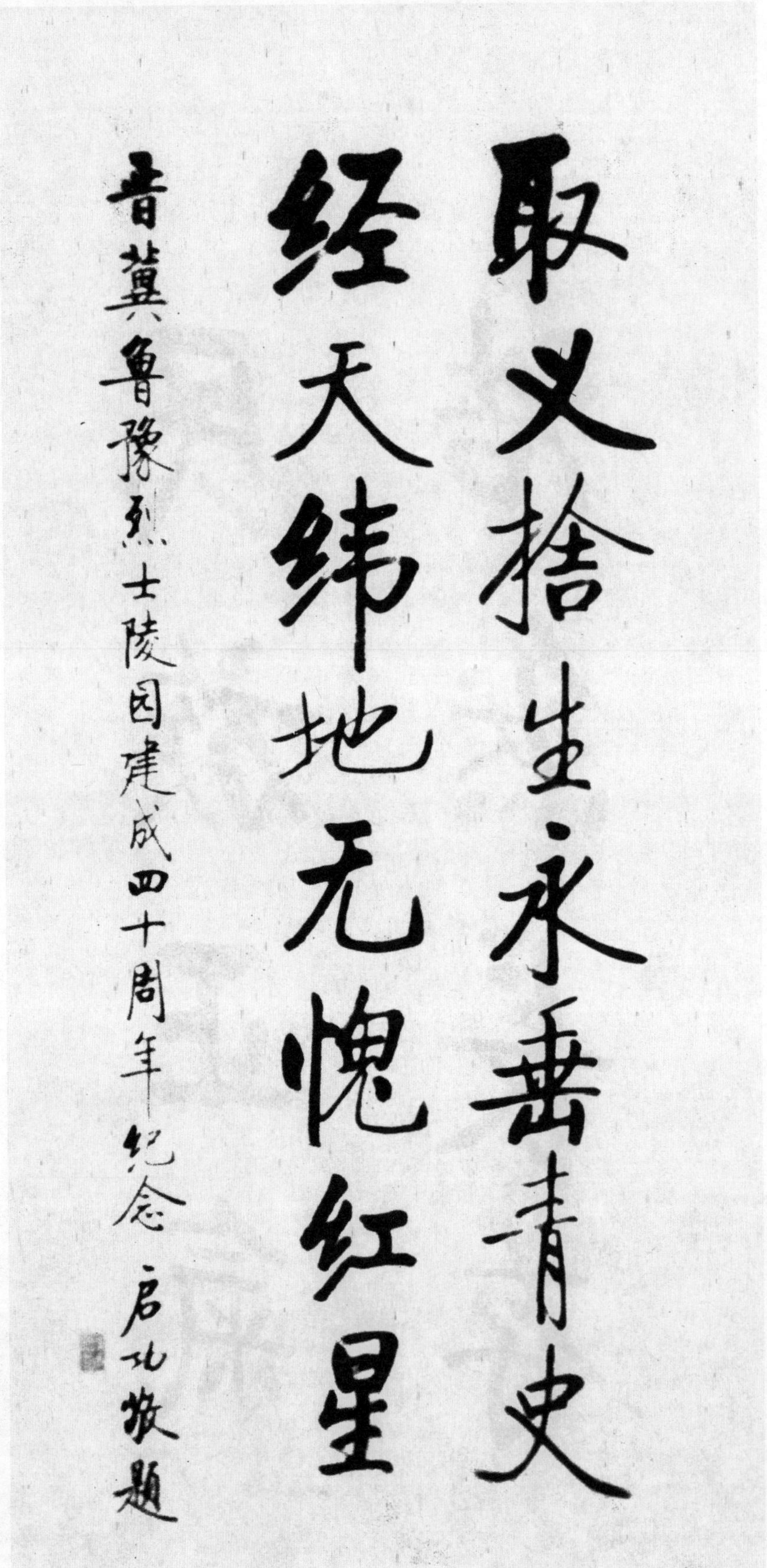
取义捨生永垂青史
经天纬地无愧红星
晋冀鲁豫烈士陵园建成四十周年纪念
启功敬题

晋冀鲁豫烈士陵园建成四十周年纪念

位于河北省邯郸市晋冀鲁豫烈士陵园

寫經

日本天平間寫經 重録隋寫本

教隨世尊心不違世

尊所説教法聞説諦

受奉侍世尊无蹔時

捨佛本行集經卷第

日本天平间写经

三十三
佛本行集經轉妙法
輪品第三十七尒時
世尊作是思惟諸世
間中有何衆生身口

清淨少塵少垢諸結
使薄根熟利智而我
令初說法之時不惱
於我而能速疾證知
我法不妨礙我轉於

法輪尒時世尊如是思惟有五仙人彼五仙者昔日與我大有利益我在苦行承事於我彼等五仙並皆

清淨少垢少塵薄使
利智彼等堪能受我
最初轉於法輪所說
妙法應不違我我令
應詣彼五仙邊初為

說法尒時世尊復如
是念彼等五仙今在
何處是在彼波時世
尊以淨天眼過於人
眼觀彼五仙今日在

彼波羅柰城鹿野苑
内經歷遊行尒時世
尊從菩提樹隨多少
時住已漸向波羅柰
國而有偈言世尊欲

說羅摩子發心觀察
其所生知今命終在
於天心念五仙欲至
彼尒時魔王波旬見
佛欲捨於此菩提樹

起心生苦惱速詣佛所到佛所已而白佛言善哉世尊唯願莫離此處安坐莫移世尊在此隨意所行尒

時世尊告波旬言魔
王波旬汝无慚愧不
大供養報償彼樹時
彼長者諸親眷屬弄

過三過慇懃勸請彼
長者言汝大長者不
可不信彼樹實能如
是與顛彼已得男彼
已得女長者但去彼

樹能與仁之心顚壹
男得男壹女得女決
定无疑佛本行集經
卷第三十四

經主清河長公主楊
夫李長雅眷屬等謹
尋至極真如充滿法
界絶萬像復遣百非
而變用則隱顯不窮

群有乃藉之成立仰
惟无上慈尊悟斯稱
正覺哀愍庶類迷此
墜邪塗故盛興言說
方便導引大乘小乘

之教為苦海舟航半
字之談作暗室燈燭
沙門曇觀敬造一切
尊經一部運此善根
奉資文皇帝獻皇后

汎禪艘遊法海盡有
慇證无生令上長居
一大清晏八表清河
公主永延福壽長扇
母儀張上宮贊楊陰

教助輝女範七世父
母万含識並乘法駕
俱會佛道
經王清河長公楊女

无醜兒夫上開府河
陽公李長雅息義恭
息義弘眷屬等謹尋
至極真如充滿法界
既絶萬像復遣百非

而變用則隱顯不窮
群有乃藉之成立仰
惟无上慈尊悟斯稱
正覺衆愍庻類迷此
墜邪塗故盛興言說

方便導引大乘小乘之教為苦海舟航半字滿字之談作暗室燈燭沙門曇觀敬造一切尊經一部運此

善根奉資文皇帝獻
皇后沉禪艘遊法海
盡有慾證无生令上
長居一大清晏八表
清河公主永延福壽

長扇母儀張上宮贊
楊陰教助輝女範七
世父母万品含識並
乘法駕俱會佛道

一九七四年五月十日臨　啓功

般若波羅蜜多心經

觀自在菩薩行深般若波羅蜜多時照見五蘊皆空度一切苦厄舍利子色不異空空不異色色即是空空即是色受想行識亦復如是舍利子是諸法空相不生不滅不垢不淨不增不減是故空中無色無受想行識無眼耳鼻舌身意無色聲香味觸法無眼界乃至無意識界無無明亦無無明盡乃至無老死亦無老死盡無苦集滅道無智亦無得以無所得故菩提薩埵依般若波羅蜜多故心無罣礙無罣礙故無有恐怖遠離顛倒夢想究竟涅槃三世諸佛依般若波羅蜜多故得阿耨多羅三藐三菩提故知般若波羅蜜多是大神咒是大明咒是無上咒是無等等咒能除一切苦真實不虛故說般若波羅蜜多咒即說咒曰

揭諦揭諦 波羅揭諦 波羅僧揭諦 菩提娑婆訶

歲在乙亥夏日啟功敬書

般若波罗蜜多心经

般若波羅蜜多心經

觀自在菩薩行深
般若波羅蜜多時

照見五蘊皆空度
一切苦厄舍利子
色不異空空不異

色色即是空空即
是色受想行識亦
復如是舍利子是

諸法空相不生不
滅不垢不淨不增
不減是故空中無

色無受想行識無
眼耳鼻舌身意無
色聲香味觸法無

般若波羅

羅蜜多時照見五蘊皆空度一切苦厄舍利子色不異空空不異色色即是空空即是色受想行識亦復如是舍利子是諸法空相不生不滅不垢不淨不增不減是故空中無色無受想行識無眼耳鼻舌身意無色聲香味觸法無眼界乃至無意識界無無明亦無無明盡乃至無老死亦無老死盡無苦集滅道無智亦無淂以無所淂故菩提薩埵依般

蜜多心經

啓功敬署

無罣礙故無
有恐怖遠離
顛倒夢想究
竟涅槃三世
諸佛依般若
波羅蜜多故
得阿耨多羅
三藐三菩提
故知般若波
羅蜜多是大
神呪是大明
呪是無上呪
是無等等呪
能除一切苦
真實不虛故
說般若波羅
蜜多呪即說
呪曰
揭諦揭諦
波羅揭諦
波羅僧揭諦
菩提娑婆訶

歲次壬申
正月穀旦
珠申啓功
薰沐敬寫

眼界乃至無意識
界無無明亦無無
明盡乃至無老死

亦無老死盡無苦
集滅道無智亦無
得以無所得故菩

提薩埵依般若波
羅蜜多故心無罣
礙無罣礙故無有

恐怖遠離顛倒夢
想究竟涅槃三世
諸佛依般若波羅

蜜多故得阿耨多
羅三藐三菩提故
知般若波羅蜜多

是大神呪是大明
呪是無上呪是無
等等呪能除一切

苦真實不虛故說
般若波羅蜜多呪
即說呪曰

揭諦揭諦

波羅揭諦

波羅僧揭諦

菩提娑婆訶

歲在乙亥夏日啟功敬書

生男女雖
受人形而
六情不純

写经散页

天尊言其
六戒者身
之大患来

沉迷羅門
致命短促
不竟天年

未見經教
不聞法音
形不自覺

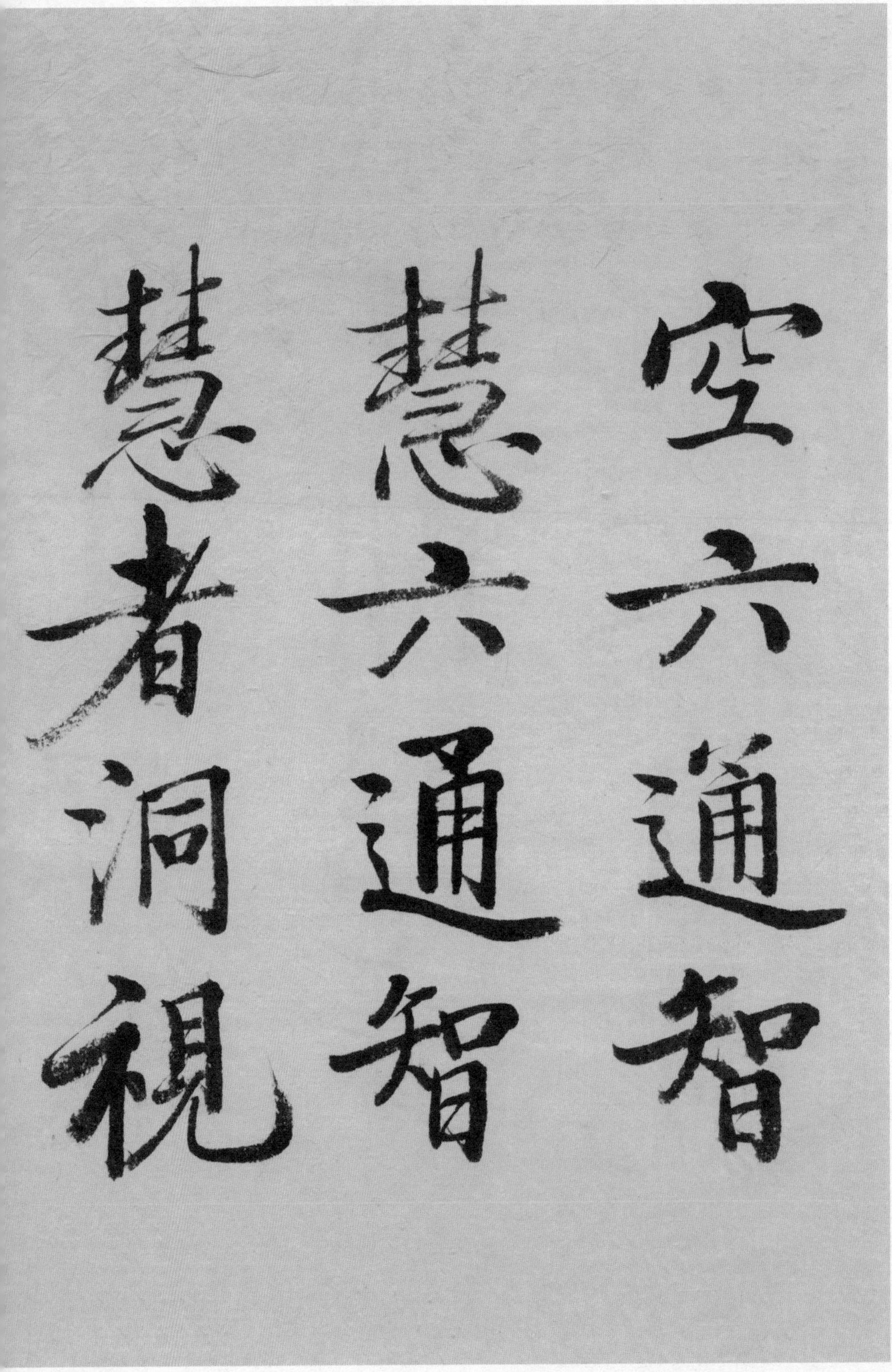
空六通智
慧六通智
慧者洞視

尊奉聖教
開諸惡門
則形入虗

通無所不
通也六情
恬夷神自

洞聽洞空
虛洞微洞
清是為六

命長遠終
不死也智
慧度生上

歸也何一
自生也精
自固也壽

死厄見世
明達能制
凶逢年命

品大戒其
一者見人
窮急度其

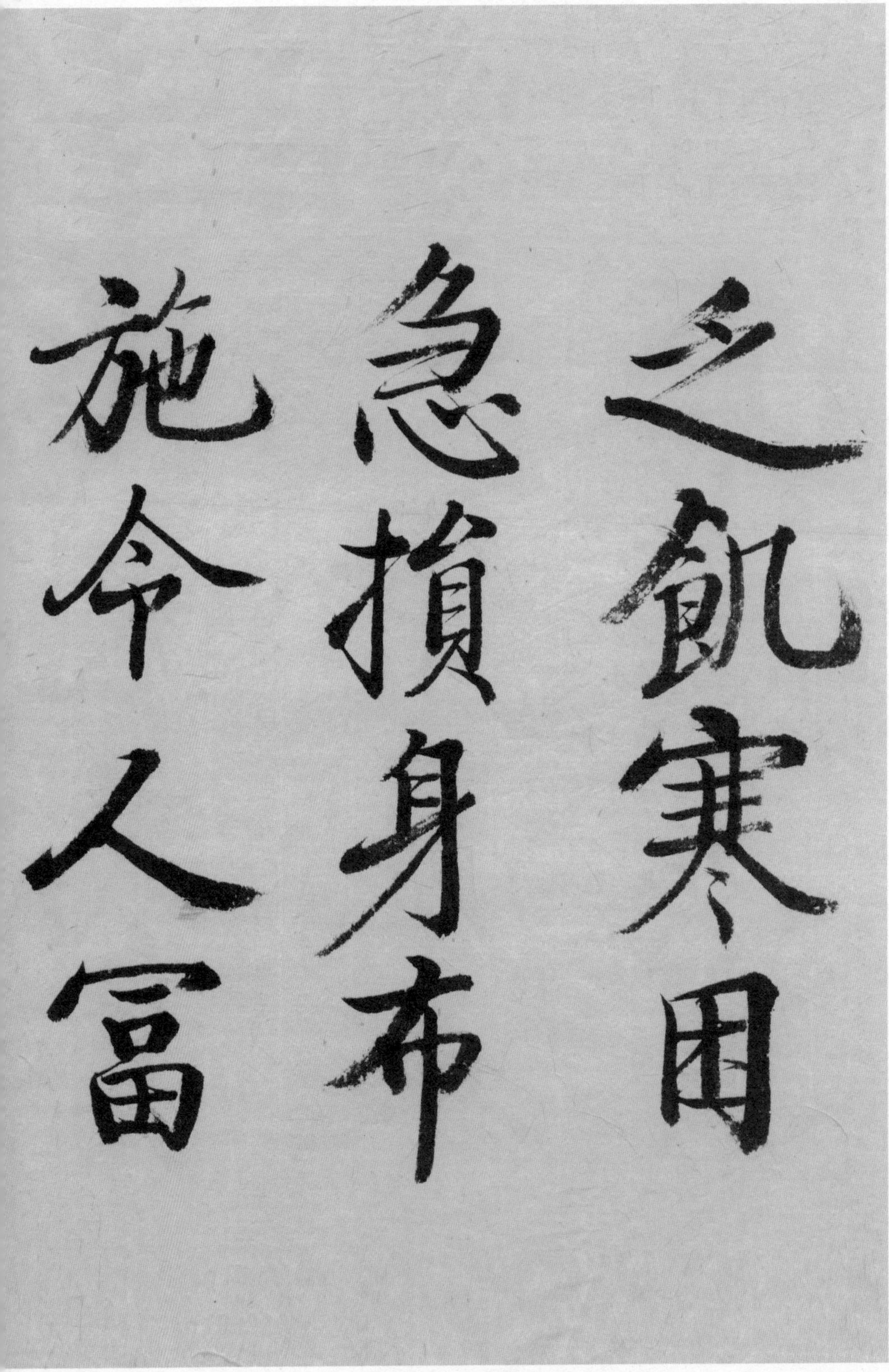
之飢寒困
急損身布
施令人富

長遠世享
无極其二
者見人窮

現大神通
力其心皆
歡喜各各

佛道尒時
四部衆見
日月燈佛

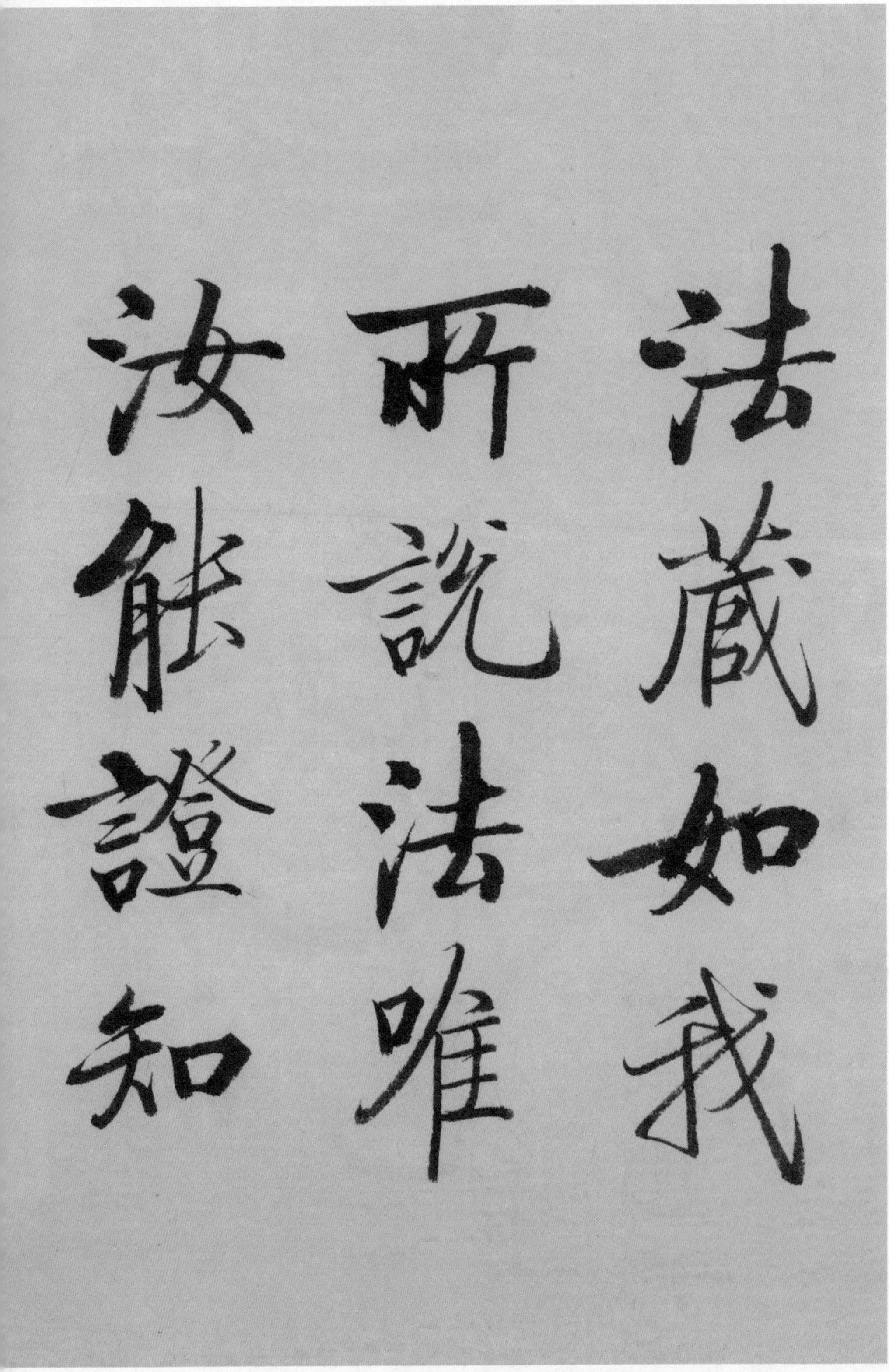
法藏如我
所說法唯
汝能證知

為世間眼
一切所歸
信能奉持

法華經滿
六十小劫
不起於此

世尊既讚
嘆妙光
歡喜說是

皆能受持
佛説是法
華令衆歡

座所說上
妙法是妙
光法師悉

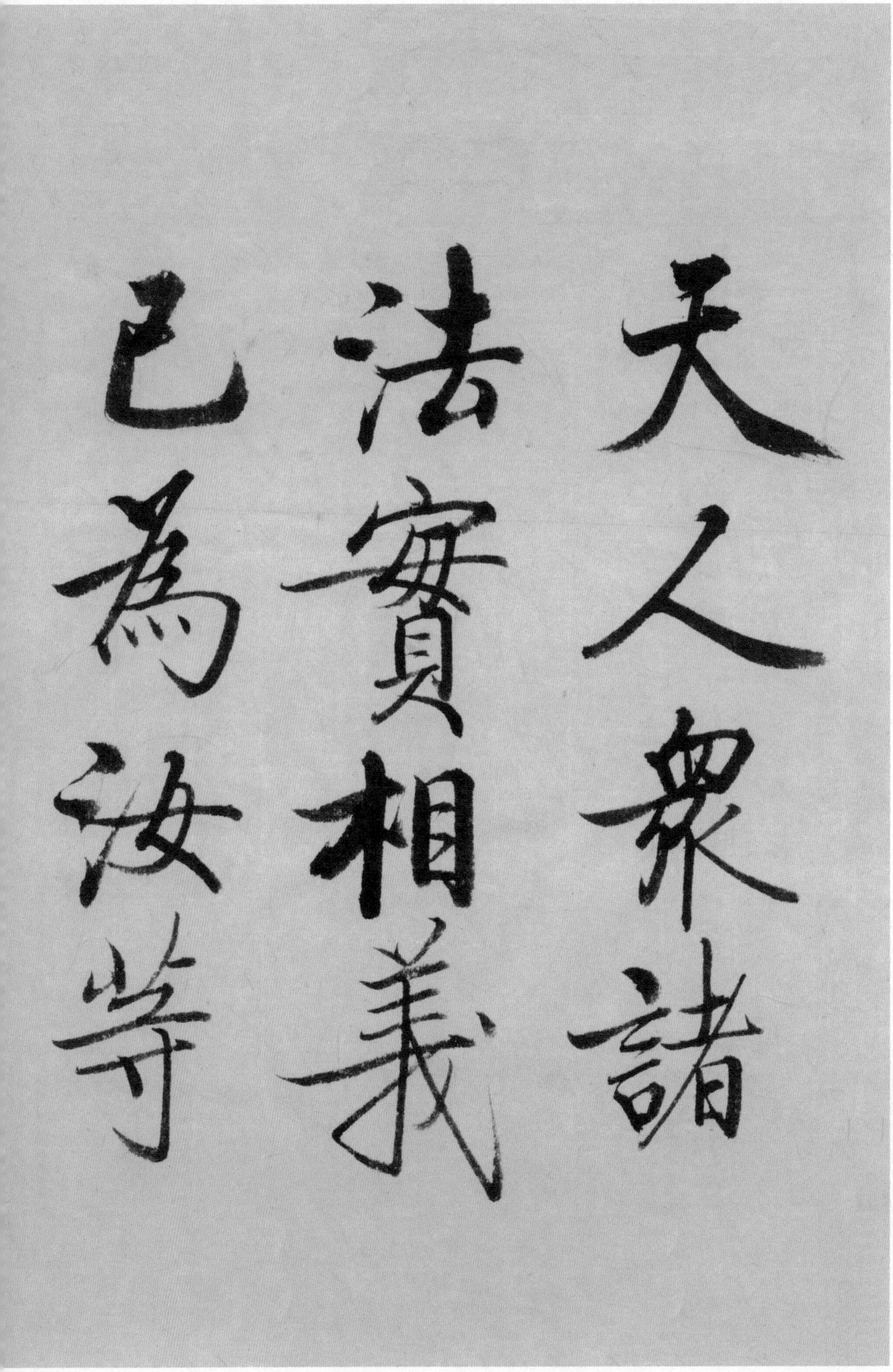
天人衆諸
法寶相義
已為汝等

經滿六十
書已尋即
於是日告

一心精進
當離於放
逸諸佛甚

說我今於
中夜當入
於涅槃汝

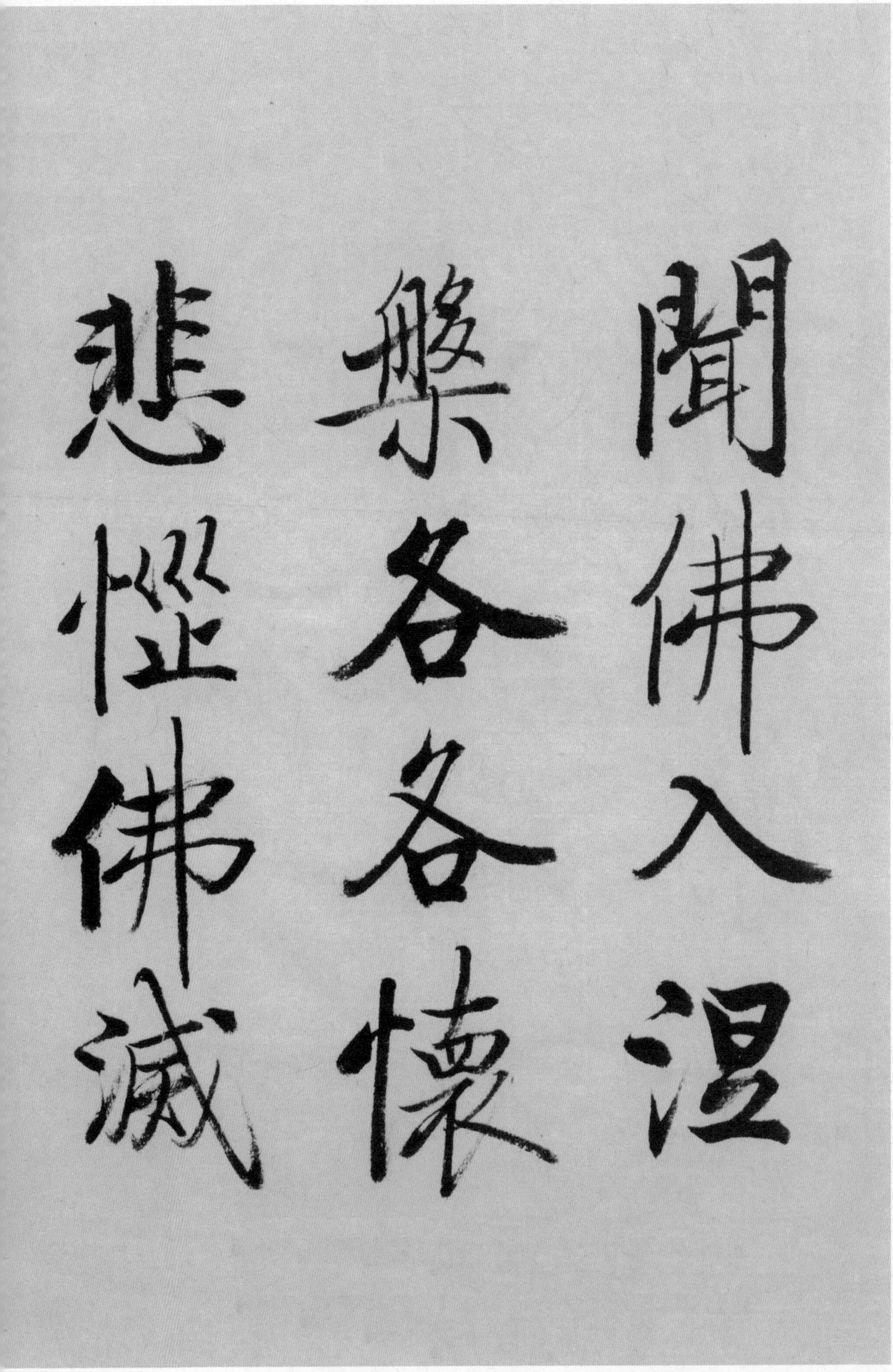
聞佛入涅
槃各各懷
悲惱佛滅

難值億劫
時一遇世
尊諸子等

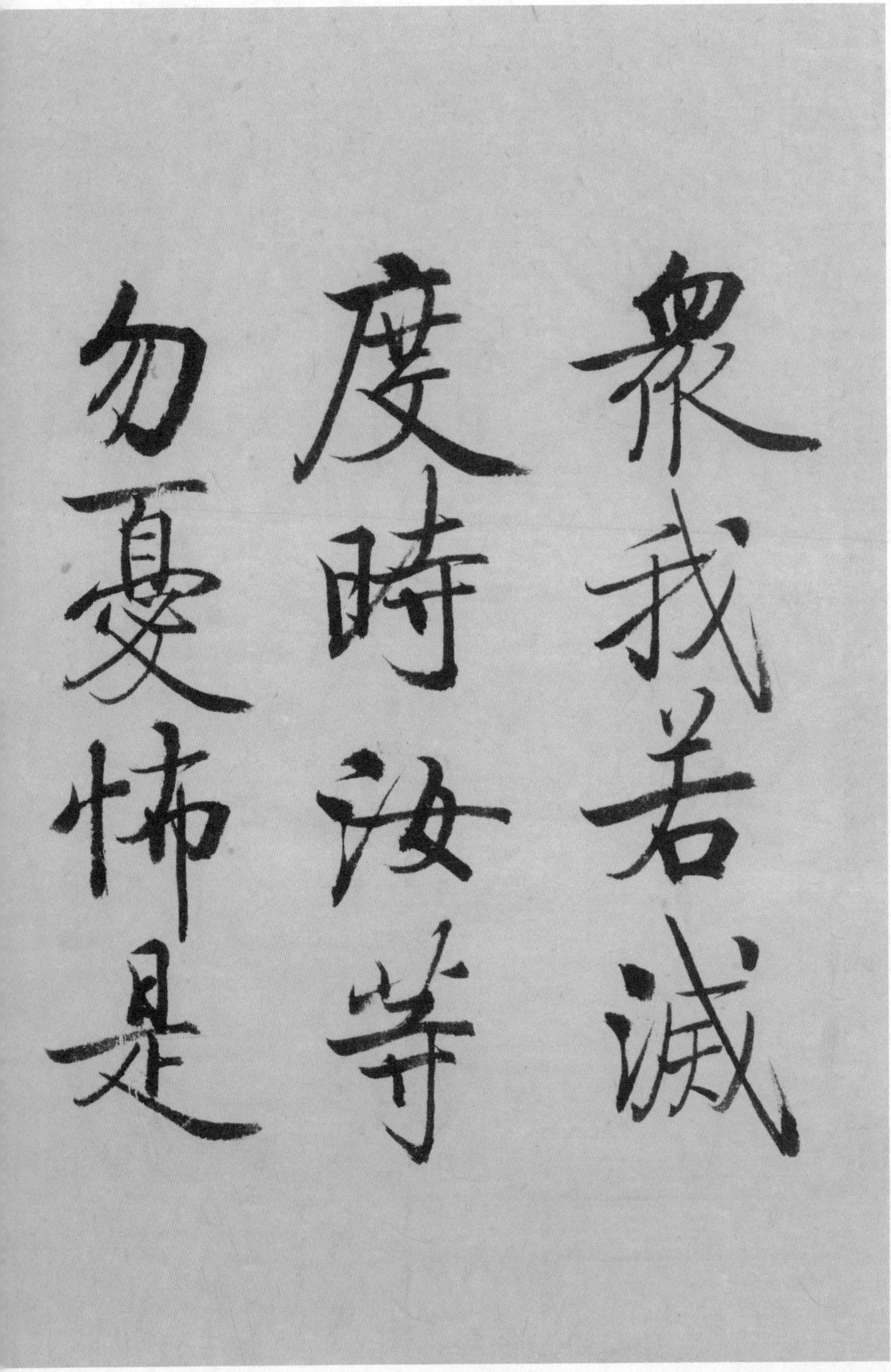
衆我若滅
度時汝等
勿憂怖是

一何速聖
主法之王
安慰无量

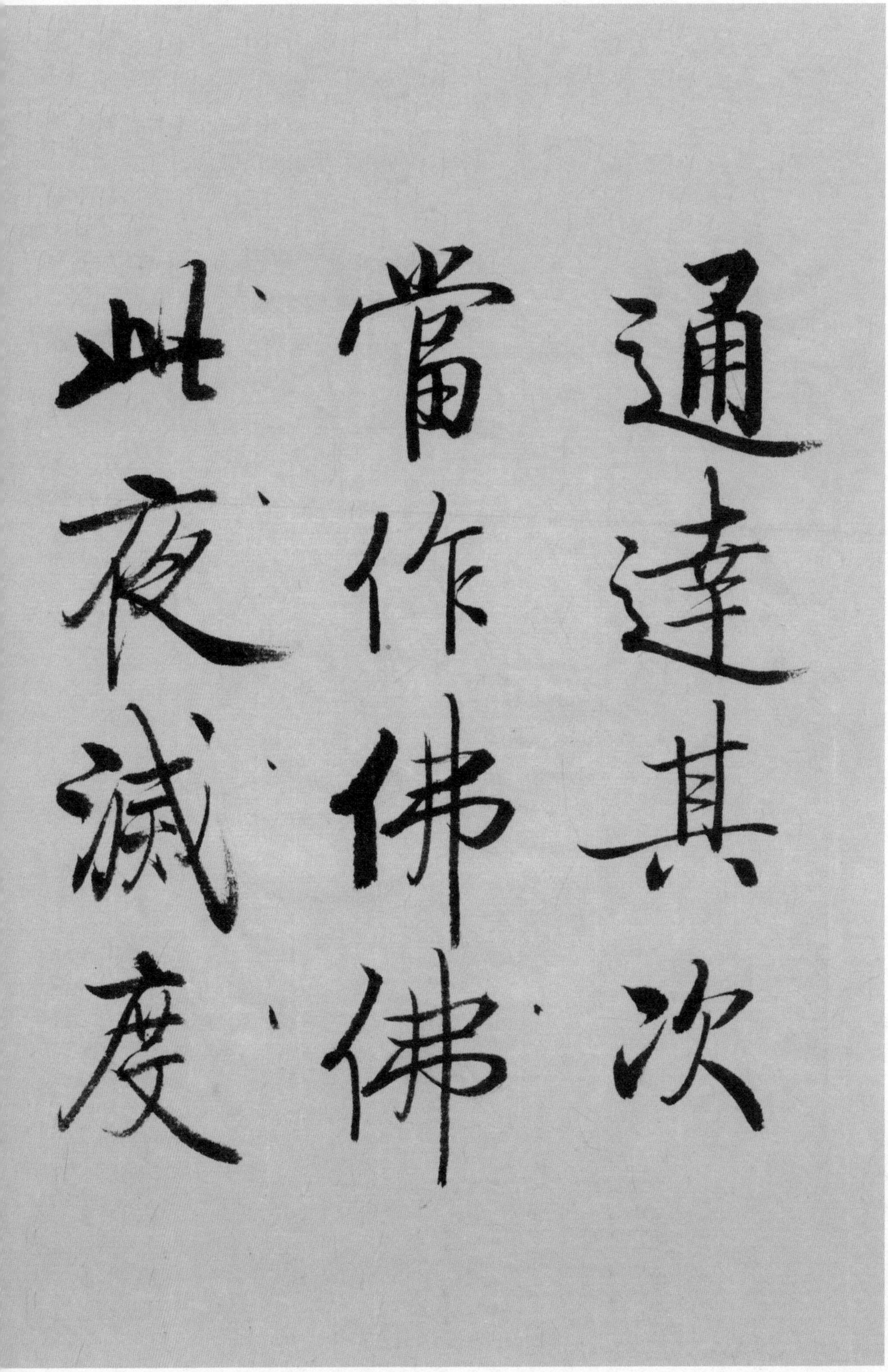
通達其次
當作佛佛
此夜滅度

德藏菩薩
於无漏實
相心已得

世人一切
衆生類无
能知佛者

而說偈言
世雄不可
量諸天及

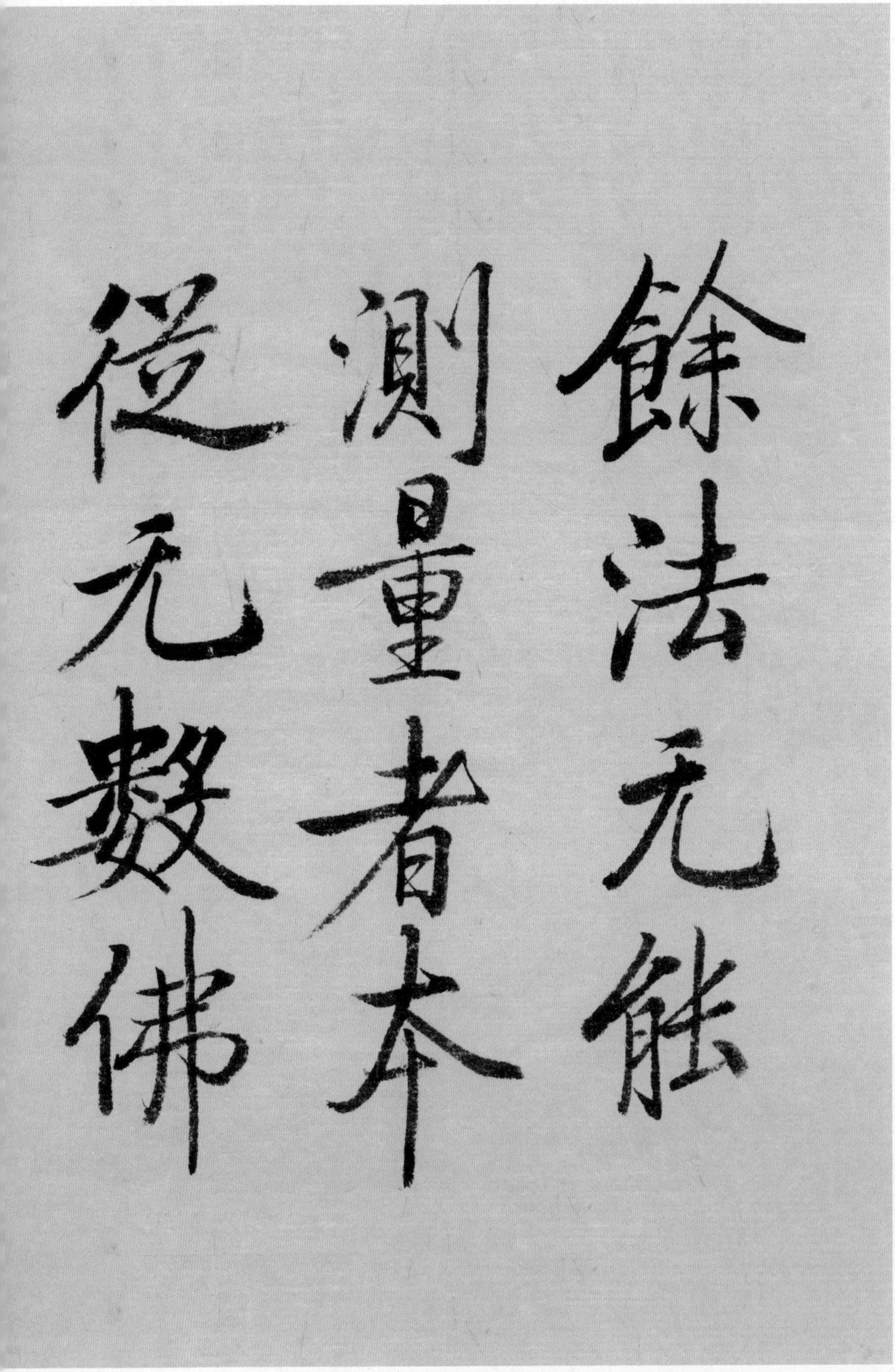
餘法无能
測量者本
從无數佛

佛力无所
畏解脱諸
三昧及佛

甚深微法

難見難可

了於无量

具足行諸
道已道場
得成果我

我已悲知
見如是大
果報種種

億劫行此
諸道已道
場得成果

事是法不
可示言辭
相寂滅諸

性相義我
及十方佛
乃能知是

衆信力堅
固者諸佛
弟子衆曾

餘衆生類
无有能得
解除諸苦

後身如是
諸人等其
力所不堪

供養諸佛
一切漏已
盡住是寂

共度量不
能測佛智
正使滿十

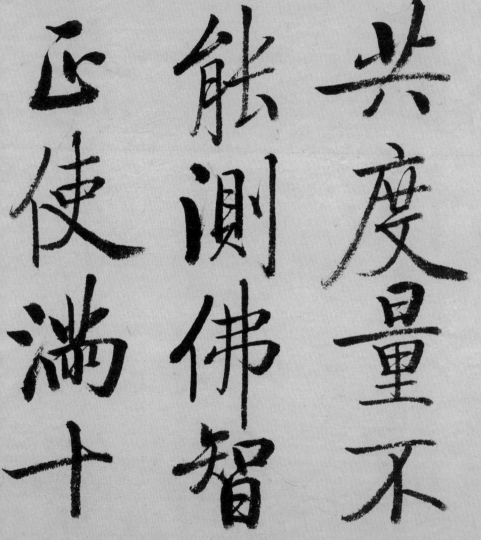

假使滿世
間皆如舍
利弗盡思

辟支皆如
舍利弗及
餘諸弟子

方刹盡思
共度量亦
復不能知

不能知辟
支佛利智
无漏寂後

亦滿十方
剎盡思共
度量亦復

等共一心
於億无量
劫欲思佛

身亦滿十方界其數如竹林斯

供養无量
劫數佛了
達諸義趣

寶智莫能
知少分新
發意菩薩

算光满十
方刹一心
以妙智於

又能知少
分善說法
如稻麻竹

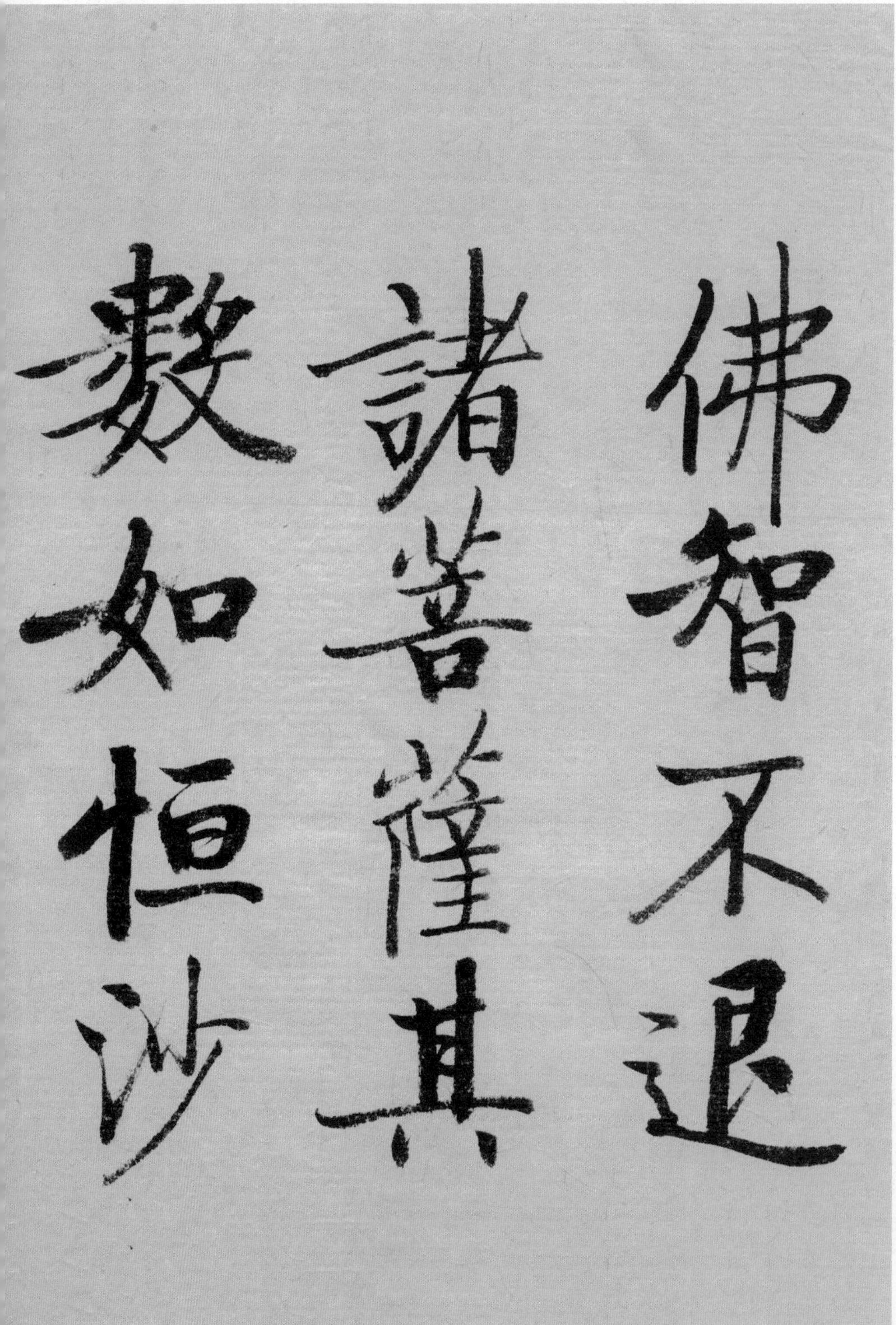
佛智不退
諸菩薩其
數如恒沙

恒河沙劫
咸皆共思
量不能知

舍利弗无
漏不思議
甚深微妙

一心共思
求念復不
能知又告

方佛亦然
舍利弗當
知諸佛語

法我今已
具得唯我
知是相十

世尊法久
後要當說
真實告諸

无畏於佛
所說法當
生大信力

缚逮得涅

槃者佛以

方便力示

聲聞衆及
求緣覺乘
我令脫苦

得出尒時
大衆中有
諸聲聞漏

以三乘教
衆生處處
著引之令

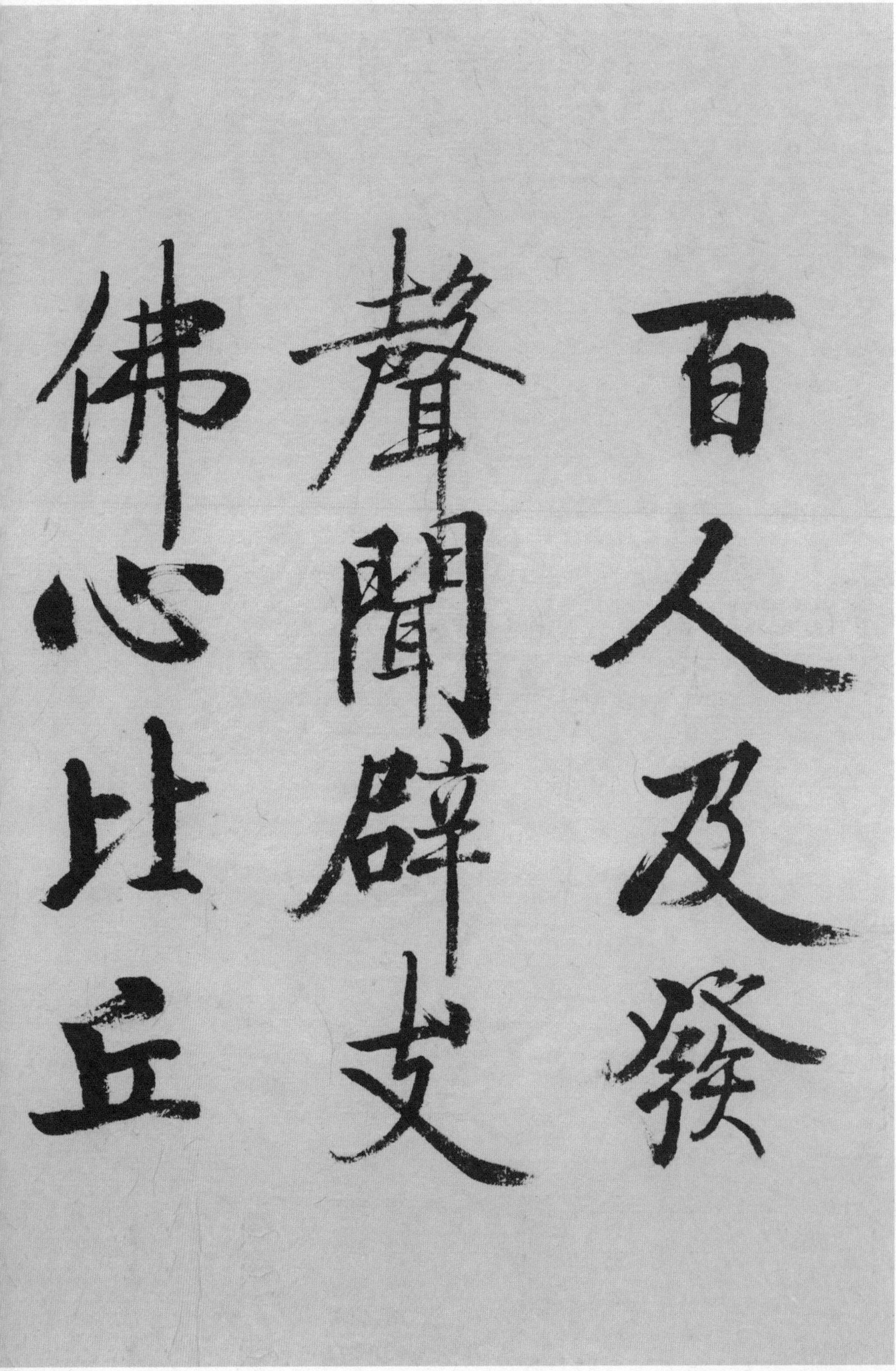
百人及發
聲聞辟支
佛心比丘

盡阿羅漢
阿若憍陳
如等千二

念念者世
尊何故應
勤稱嘆方

比丘尼優婆塞優婆夷各作是

解有所言
說意趣難
知一切聲

便而作是
言佛所得
法甚深難

脫義我等

亦得此法

到於涅槃

聞辟支佛
所不能及
佛說一解

弗知四衆心疑自亦未了而白

而今不知
是義所趣
尒時舍利

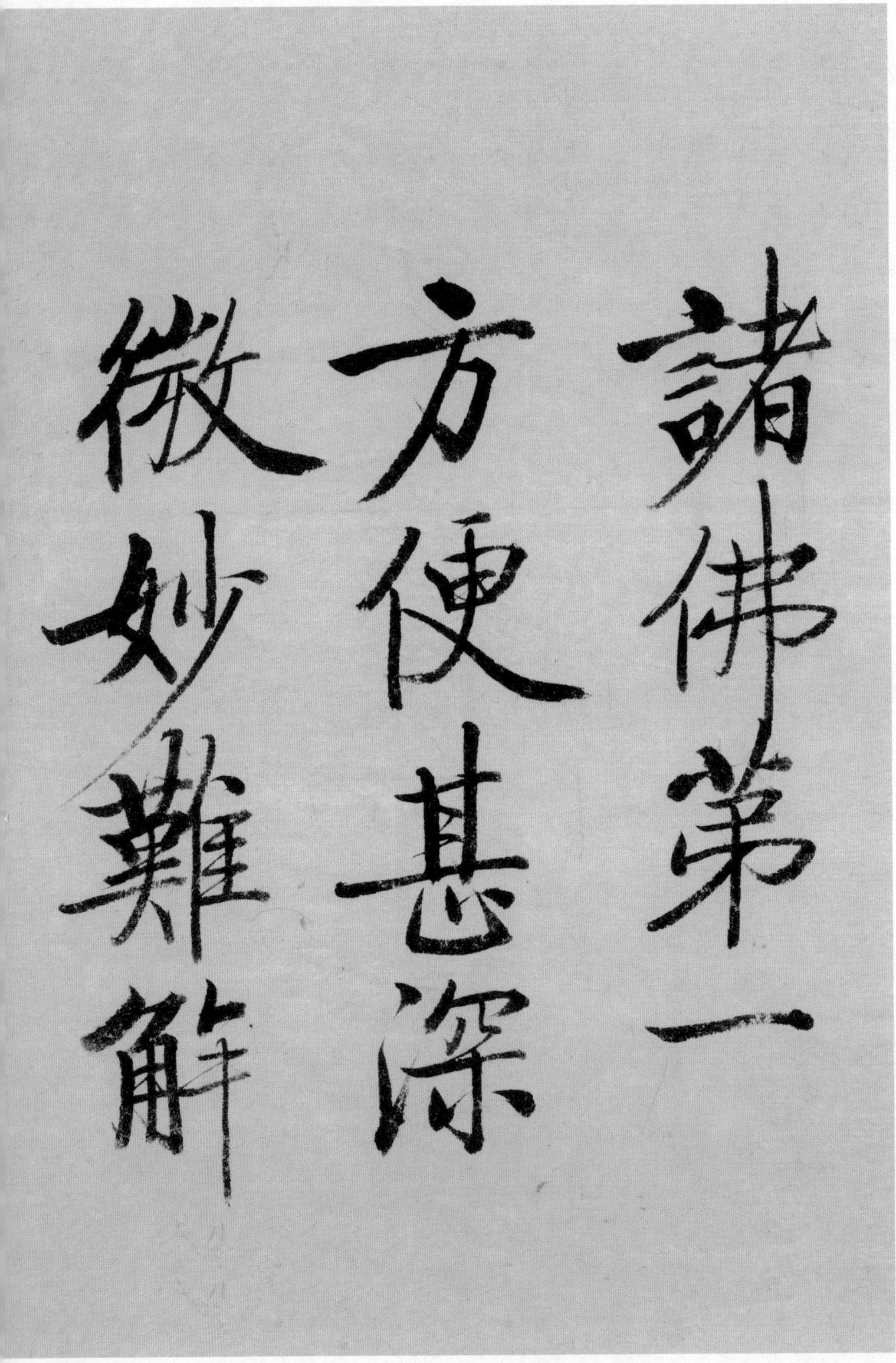
諸佛第一
方便甚深
微妙難解

佛言世尊
何因何緣
慇懃稱嘆

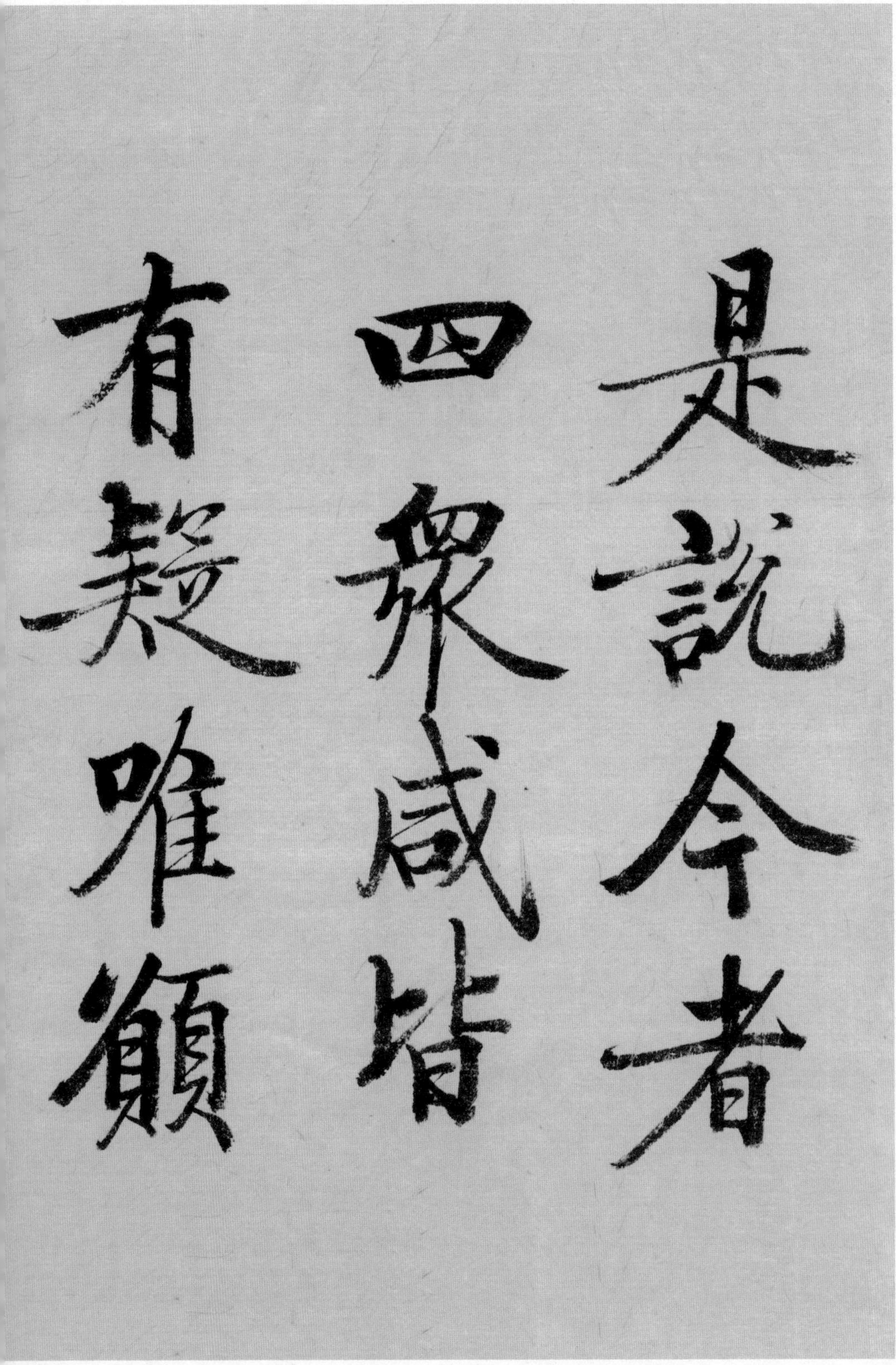
是說今者
四衆咸皆
有疑唯願

之法我自
昔来未曾
從佛聞如

稱嘆甚深
微妙難解
之法尒時